I0831050

MI APARENTE FRAGILIDAD

Irene Lis Gindin

Mi aparente fragilidad

La identidad política en el discurso de
Cristina Fernández de Kirchner (2007-2011)

prometeo libros

Gindin, Irene Lis
Mi aparente fragilidad : la identidad política en el discurso de Cristina
Fernández de Kirchner : 2007-2011 / Irene Lis Gindin. - 1a ed . - Ciudad
Autónoma de Buenos Aires : Prometeo Libros, 2019.
180 p. ; 24 x 17 cm.

1. Comunicación Política. 2. Sociología Política. 3. Ciencia Política. I. Título.
CDD 306.2

Armado: Mónica Dombrover
Corrección de galeras: Marina Rapetti
Diseño de tapa: Erica Anabela Medina

© De esta edición, Prometeo Libros, 2019
Pringles 521 (C1183AEI), Buenos Aires, Argentina
Tel.: (54-11) 4862-6794 / Fax: (54-11) 4864-3297
editorial@treintadiez.com
www.prometeoeditorial.com

Índice

Agradecimientos..9

Prólogo...11

Introducción...13

Primera Parte. ¿Cómo estudiar el discurso kirchnerista?.......................19

Capítulo I. El discurso kirchnerista como objeto de estudio.......................21
    1. Introducción...21
    2. Somos y seremos pinguinos..22
    3. La vinculación con la identidad madre.................................24
    4. Visitar el pasado para construir el futuro...........................25
    5. Cristina Fernández en escena..27
        5.1. La yegua...28
        5.2. El dispositivo enunciativo kirchnerista en el marco
        del "conflicto con el campo"..30
        5.3. El país real vs. el país mediático.......................31
        5.4. El fin como inicio: la muerte de Kirchner............33
    6. La identidad, el ethos político y el análisis del discurso............35

Segunda Parte. Identidad política y *ethos* discursivo en CFK.................45

Capítulo II. *Ethos* magistral..47
    1. Introducción...47
    2. La escenografía profesoral como vínculo político....................48
    3. No soy yo, sos vos..49

3.1. Modos de definir los objetos discursivos....................53
    - El neoliberalismo....................53
    - Armen un partido y ganen las elecciones....................58
        a) El campo....................60
        b) Los generales multimediáticos....................66
3.2. Representación crítica del discurso ajeno....................73
    - La palabra de los otros....................73
    - El diálogo con los medios....................76
4. 200 años de fracasos y frustraciones....................81
    4.1. Y entonces, ¿qué es el peronismo?....................82
    4.2. El pasado reciente: la última dictadura militar....................87
    4.3. La oportunidad histórica....................92

Capítulo III. *Ethos* íntimo....................97
    1. Introducción....................97
    2. La escenografía íntima....................98
    3. La dificultad y el dolor: mujeres, discurso y política....................100
    4. El límite entre la fragilidad y la fuerza....................103
    5. El fundador innombrable....................111
    6. La interpelación a la juventud....................116
    7. Lo programático en el *ethos* íntimo....................120

Capítulo IV. Construyendo el liderazgo....................127
    1. Introducción....................127
    2. En tu nombre....................128
        2.1. Nosotras las mujeres....................134
        2.2. Nosotros los peronistas....................139
        2.3. De la generación diezmada a la generación del Bicentenario....145
        2.4. Nosotros los kirchneristas....................150

Reflexiones finales....................153

Referencias bibliográficas....................159

Agradecimientos

Agradecer no es nunca algo que me sienta forzada a hacer. Por el contrario, lo disfruto inmensamente; porque, aunque tipeando estoy yo, al costado, atrás y adelante, hay un montón de personas que también le han puesto el cuerpo y que hicieron de esta tarea –¡¡¡publicar mi primer libro!!! – un proceso lleno de aprendizaje y pleno de compañía.

Primero, claro, a la Editorial Prometeo, por el interés en publicar estas páginas. A la Universidad Nacional de Rosario y al Consejo Nacional de Investigaciones Científicas y Técnicas que me han formado como docente e investigadora.

A Sol, Gastón y Ceci, por la lectura dedicada de algunas páginas preliminares y por el cariño; por acompañarme –académicamente y no tanto– y entusiasmarse con esta idea.

Cada vez que logro algo, sea en el ámbito que sea, no puedo dejar de pensar en mis hermanos y en mis viejos. Entonces, a Julián, porque me parezco –me acerco y me distancio– y porque, no sé si lo sabe, pero del sinnúmero de modos de ser un investigador posmoderno, él es el más copado. A Rafa, porque a veces es lo que quiero ser y no puedo y porque, siempre, me pone en un registro más feliz. A mi papá, porque es mi #AltoPapá, porque sabe y me enseña, porque mi curiosidad es la de él y porque ayer, hoy y mañana, es un hombre que admiro. A mi mamá, con la infinita tristeza de su ausencia que me dejó con el abrazo a medias, pero que me enseñó, como dice la canción, a remendar con un sueño mis alas malheridas. Este libro es, sin duda alguna, el sueño que le regalo.

Como siempre, mi abrazo enorme a quien hace de hermana sin vínculo sanguíneo, María. Gracias, grandísima amiga, por algo tan esencial como formar parte de mi vida.

Y a vos, Fede, porque –como decís siempre– podemos más que el amor y somos más fuertes que el Olimpo. Por hacerme una mejor mujer y porque este camino, juntos, es de las cosas más lindas que viví.

Prólogo

Ana Soledad Montero

En "03-11-19"[1] Martín Plot propone una periodización del kirchnerismo en tres etapas: una primera llamada *transversal*, una segunda llamada *populista* y una tercera etapa, denominada *tardía* o *voluntarista*, que es la que se inicia luego de la muerte de Kirchner y se cristaliza en la aplastante victoria electoral de 2011, en la que Cristina Kirchner fue ungida presidenta por segunda vez con un 54% de votos.

Siguiendo esa periodización: ¿cuándo puede decirse que surgió el kirchnerismo como identidad política? ¿En qué momento se consolidó algo así como una *identidad kirchnerista*, y qué vínculo tiene esa identidad política con la figura presidencial? ¿En qué sentido la imagen, el liderazgo, la figura representativa –que en este libro se conceptualiza mediante la categoría retórica de *ethos*– de Néstor y Cristina Kirchner contribuyó a construir esa identidad política colectiva? El libro de Irene Gindin aborda sin ambages y sin anteojeras esa pregunta fundamental sobre uno de los ciclos políticos más intensos y más ricos de nuestra historia reciente.

En este texto se moviliza una hipótesis que parece operar como telón de fondo del análisis, y no es otra que la idea de que el kirchnerismo como identidad política colectiva surgió o al menos se consolidó en el marco de una coyuntura específica, que constituyó un verdadero acontecimiento histórico –en el sentido fuerte del término: la crisis con el campo, durante el primer semestre del año 2008, a solo tres meses de la asunción presidencial de Cristina Kirchner. Acontecimiento fundante o fundacional, en la medida

---

[1] Plot, M. (2017). "03-11-19", en *Revista Anfibia*. Recuperado de http://www.revistaanfibia.com/ensayo/03-11-19/

en que trazó fronteras, clivajes, grietas que se profundizaron conforme avanzaron los años. El análisis de los discursos de Cristina propuesto en este libro se sitúa, entonces, en esa transición en la cual, según conjetura Plot, el kirchnerismo pasó de ser una fuerza popular a un movimiento voluntarista, épico, crecientemente intenso y minoritario.

Si puede decirse que surge una identidad política, ella no está deslindada, tal como muestra rigurosamente Gindin en su investigación, de la emergencia de una figura representativa con rasgos específicos que, por otra parte, no fue constante sino que mutó al calor de los acontecimientos que operaron como las condiciones de producción de ese discurso político. De allí la doble apuesta teórico-metodológica de la autora: en primer lugar, la apuesta por el análisis de la materialidad de los discursos presidenciales (en producción, pero también en sus ecos dialógicos y polifónicos) y, en segundo lugar, el abordaje propiamente discursivo de las identidades políticas mediante el trazado de líneas de continuidad entre la teoría política y la teoría del discurso.

La autora despliega su argumento mediante la conceptualización de dos tipos de *ethos* discursivos (que son, también, disposiciones éticas y prácticas) proyectados por la presidenta durante su primer mandato, el *ethos* magistral y el *ethos* íntimo. Ambos conceptos permiten hacer visible que Cristina Kirchner, en tanto figura representativa y encarnación de un liderazgo articulador de la identidad política, hizo carne un modo de hacer política que osciló entre la exposición de un saber consolidado y la exhibición de su ser privado y femenino.

El análisis que Irene Gindin realiza de los discursos políticos oficiales de Cristina Kirchner durante su primera presidencia ofrece, así, un recorrido riguroso y sistemático por los que podrían considerarse los cuatro años fundantes de ese gran movimiento de masas que es el kirchnerismo, un análisis que atraviesa los hitos más salientes de la época (la crisis con el campo, la muerte de Néstor Kirchner, la disputa con los medios) y se interroga por el misterio y la naturaleza de esa identidad política, que definió de manera eficaz, emotiva y radical un nosotros, un ellos, un pasado rechazado y un futuro anhelado.

Introducción

"Pero que no se confundan con mi aparente fragilidad", dijo Cristina Fernández el primero de abril de 2008, a casi cuatro meses de ser electa y en medio del conflicto con las patronales agropecuarias. Lo que parece ser, no es. No es frágil; porque ser mujer no la hace frágil. Que *ellos* no se confundan.

Cuestionando ciertos estereotipos de género, reproduciendo otros pero, sobre todo, polemizando, la ex presidenta construyó su discurso en base a irreconciliables distancias con *los otros*. La primera mujer convertida en presidenta en elecciones libres y democráticas resaltó su pertenencia de género desde el propio discurso de asunción de mando en diciembre de 2007 cuando, con su marido por detrás, dijo: "Sé que tal vez me cueste más porque soy mujer". Suceder a Néstor Kirchner le valió la explosión de discursos misóginos que la calificaron como *yegua* y que le adjudicaron a la pareja presidencial la idea de *doble comando*. Sobre esta arena, Fernández de Kirchner sentó las bases de un discurso presidencial pleno de novedades en comparación con sus antecesores, un discurso que no vaciló en confrontar y que, solo en escasas ocasiones, se permitió intentar convencer. Tres años después de haber asumido la presidencia, la muerte de Kirchner sacudió al país y al propio dispositivo enunciativo que había construido la ex presidenta. Si antes ser mujer no la había hecho frágil; ahora, ser mujer y ser viuda, no la hacía inestable.

Cierto asombro y mucha curiosidad me llevaron a escribir este libro, que es la adaptación y el resultado de mi tesis doctoral. Como se sabe, el kirchnerismo, sea lo que sea que entendamos por él y sea cual sea la arista que elijamos para analizarlo, ha nucleado a muchos investigadores que intentaron describir, analizar, explicar y conceptualizar fenómenos novedosos que, por un lado, proponían algunas modificaciones en los lazos representativos y, por el otro, adquirían características innovadoras desde el punto de vista discursivo, con claras distancias respecto de aquellas observadas en períodos anteriores. En este sentido, este trabajo dialoga, discute, adhiere y se distancia de una serie de escritos que han construido al kirchnerismo como objeto de estudio. Por si todo esto fuera poco, en los últimos años, especialistas y gurúes se han detenido a analizar –con mayor o menor rigurosidad y con mayor o menor perplejidad– estos fenómenos desde el punto de vista discursivo. La adaptación de un género –tesis– a otro –libro–, la atención extra que requiere el abordaje de fenómenos contemporáneos, el gran número de investigadores que se dedicaron a temáticas afines, hacen de este libro, también, un desafío.

Este libro tiene como objetivo fundamental el análisis de la construcción discursiva de la identidad política de Cristina Fernández de Kirchner (en adelante, CFK) durante su primera presidencia (2007-2011). La elección se debe, por un lado, a que las páginas de la tesis tomadas como base, comenzaron a ser escritas en el año 2013, cuando la segunda presidencia de Cristina estaba aún en tránsito. Además, porque durante el período aquí analizado se suceden una serie de acontecimientos que vuelven necesaria una detenida reflexión. Solo por nombrar algunos, durante esta etapa se produce el conflicto con las patronales agropecuarias, las discusiones en torno a la Ley de Servicios de Comunicación Audiovisual y, llegando al final del 2010, la muerte de Néstor Kirchner. Cada uno de estos hechos podría haber sido objeto de una tesis; sin embargo, el análisis presentado busca caracterizar un período gubernamental completo, ofreciendo herramientas analíticas y dando cuentas de las particularidades del fenómeno en estudio.

En términos teóricos, este escrito recupera los aportes de la corriente francesa del Análisis del Discurso (Ducrot, 1984; Maingueneau, 1996, 1999, 2005; Amossy, 2016; Kerbrat-Orecchioni, 1986, 2016), sumando elementos de la sociosemiótica veroniana (Verón, 1987, 1998a y b, 1999, 2001, 2005; Sigal y Verón, 2008). Complementariamente, abordamos nuestros materiales a partir de la teoría política de Laclau (1993, 2003, 2009, 2011) recuperando, también, los aportes que al respecto realiza Aboy Carlés (2001, 2003, 2005, 2011). A lo largo de las páginas que siguen, deslindaremos la articulación teórica propuesta, con miras a construir un aparato conceptual que permita caracterizar cada una de las aristas que componen lo que definiremos como una identidad política-discursiva.

El lector se encontrará aquí con dos hipótesis, una teórica y otra analítica; se trata de dos modos de acercarse al objeto que confluyen en una caracterización del discurso presidencial que resulta enriquecida por esta doble perspectiva. En el primer caso, sostenemos que la identidad política encuentra en la noción de *ethos* su anclaje discursivo. A modo de resumen, entendemos al *ethos* doblemente: por un lado, como aquella imagen que construye el enunciador sobre sí mismo en el discurso –acepción proveniente de la retórica aristotélica–; por el otro, como conjunto de ideas y valores que generan prácticas y conductas –acepción que, si bien también estaba presente en la retórica de Aristóteles, aquí la retomamos de la sociología, fundamentalmente, de Weber y Bourdieu–. Nuestro trabajo se preocupa por analizar un tipo de *ethos*, el *ethos político*, aquel que se configura en la pretensión de quien enuncia de erigir su figura como la de líder y movilizar la creencia y la adhesión de aquellos sectores que pugna por representar. En este sentido, el análisis estará centrado en observar las distintas imágenes de sí que construye la enunciadora en su discurso, imágenes que aparecen ligadas a tres aspectos que revelan la construcción discursiva de la identidad política de CFK. Dado que el *ethos* se encuentra inserto en un dispositivo enunciativo, el análisis de la alteridad constituye el primer aspecto acerca del que este trabajo indaga. La dimensión polémica, que resulta constitutiva del discurso político, comporta en nuestro objeto una gran relevancia y conlleva al análisis de las distintas estrategias discursivas a partir de las cuales se nombra, califica e interpela a los destinatarios negativos. En segundo lugar y merced a la importancia que adquieren en el discurso político las cuestiones relativas a la/s memoria/s y las tradiciones, indagamos acerca de la representación discursiva de ciertos acontecimientos pretéritos que dan forma a la *identidad cristinista*. En este sentido, exploramos de qué modo aparecen caracterizados esos acontecimientos, cuáles son *olvidados* por el discurso presidencial y cómo esta lectura supone un vínculo con los distintos tipos de destinatarios. Por último y dado que proponemos dialogar con categorías de la ciencia política, vinculamos la noción de *representación* y *liderazgo* con la emergencia de ciertos *colectivos de identificación* a partir de los cuales la enunciadora se asume como *portavoz*.

La atención a estos tres aspectos responde, con algunas salvedades –nos explayaremos sobre ello más adelante–, a la propuesta teórica que elabora Aboy Carlés (2001). El autor argentino explica que existen tres dimensiones de análisis de las identidades políticas: la *alteridad*, la *representación* y la *perspectiva de la tradición*. Con un particular interés por el aspecto simbólico y por el modo en que las identidades políticas se construyen *desde* el discurso, nos valemos de esas categorías y analizamos el discurso de CFK a partir de allí.

En segundo término, nuestra hipótesis analítica sostiene que CFK construye dos imágenes de sí misma en el discurso, dos tipos de *ethos*. El modo más certero de pensarlos es sobrevolando el discurso presidencial, como construcciones que se entrecruzan constantemente y que aquí separamos solo por necesidad analítica. La primera de estas imágenes la hemos llamado *ethos magistral* y, tal como veremos más adelante, termina de conformarse de cara al conflicto con las entidades agropecuarias en marzo de 2008 y en diálogo, también, con la conflictiva relación establecida, desde el discurso presidencial, con los medios. Podríamos resumir esta imagen en el marco de lo que llamamos una *escenografía profesoral* del siguiente modo: yo –que sé y conozco– les explico a ustedes –que no saben– lo que ellos nos ocultan. "Nos habían hecho creer que éramos inviables, que habían pensado que estábamos casi determinados fatalmente a ser inferiores y a tener desventajas en el intercambio comercial", explicó CFK el 22 de febrero de 2008 durante una visita oficial del entonces presidente brasileño Luiz Inacio Lula da Silva. Se configura así una figura presidencial fuerte que hace saber y devela los intereses espurios de aquellos que esconden, tergiversan, dañan.

Al segundo *ethos* lo hemos llamado *ethos íntimo* y su momento de mayor visibilidad está dado por el fallecimiento del ex presidente Kirchner, en octubre de 2010. Algo del orden de lo inesperado sacude la enunciación presidencial que, ahora y en base a la construcción de una *escenografía íntima*, se asume víctima de un dolor *insoportable*. "Es el dolor más grande que he tenido en mi vida, es la pérdida de quien fue mi compañero, durante 35 años, compañero de vida, de lucha, de ideales. Una parte mía se fue con él, está en Río Gallegos", expresó, visiblemente emocionada, el primero de noviembre de 2010 durante su primera aparición pública después del fallecimiento del ex presidente. La conjunción de lo personal y lo político, de lo privado y lo público, caracteriza a esta nueva imagen de sí que construye Fernández de Kirchner y que podríamos resumir del siguiente modo: yo –presidenta, madre y viuda– comparto con ustedes –que sienten mi dolor– y reafirmo mi compromiso de velar por los intereses de la Nación –por mí, por ustedes y, sobre todo, por él–.

La preponderancia entre uno y otro *ethos* conlleva a un cambio en el dispositivo enunciativo en tanto no solo varía la imagen de CFK sino, simultáneamente, los modos en que se construyen e interpelan a los distintos destinatarios. Por otro lado, el líder político se arroga la capacidad de erigirse como portavoz de una serie de colectivos, de hablar en nombre de, de pretender la representación de una comunidad determinada. Esto también se constituye como un modo de caracterizar a la identidad política tal como la trabajamos aquí. Los distintos colectivos a los que haremos referencia a lo largo de nuestro trabajo buscan crear una comunidad de pertenencia e interpelar a distintos actores sociales y políticos a partir de la construcción de un *nosotros* al que se le adjudican determinadas características, atributos y modos de vincularse con las *entidades del imaginario*: somos nosotras, las mujeres; nosotros, los peronistas; nosotros, los kirchneristas. Del análisis realizado se desprende que es el paso de la *generación diezmada* a la *generación del Bicentenario* aquel que sintetiza la identidad política propuesta, un tipo de identidad política que conjuga ciertos valores e ideas-fuerza propias de la *juventud militante setentista* pero que le agrega un elemento no comprendido por aquella: el institucionalismo.

Este libro está organizado en dos partes. En la primera, "¿Cómo estudiar el discurso kirchnerista?", nos detenemos en explicitar algunos de los antecedentes de este trabajo y describimos el marco teórico-metodológico sobre el que se asienta este escrito. En la segunda, "Identidad política y *ethos* discursivo en CFK", mostramos los resultados de análisis a lo largo de tres capítulos: en el primero nos dedicamos a caracterizar el *ethos magistral*, en el segundo exponemos las particularidades del *ethos íntimo* y, en el tercero, estudiamos el conjunto de colectivos de identificación que construye el discurso presidencial. Por último, cerramos el libro con una serie de reflexiones finales, con la intención de resumir las aristas principales que desarrollamos y dejar abiertas algunas preguntas.

El lector se encontrará aquí con un trabajo que intenta analizar y caracterizar de forma sistemática el discurso de Cristina Fernández. Es un trabajo que pretende contribuir al campo y que reconoce no insertarse en el vacío, sino que retoma y dialoga con otros colegas que encontraron en el kirchnerismo un fenómeno interesante para el análisis.

Primera Parte.

¿Cómo estudiar el discurso kirchnerista?

Capítulo I. El discurso kirchnerista como objeto de estudio

1. Introducción

Hace algunos años que el kirchnerismo se ha constituido y consolidado como objeto de estudio en las diferentes áreas de las ciencias sociales, particularmente en Argentina. Su emergencia, en tanto movimiento político nacional, dio lugar a una ola de investigaciones que, con cierto asombro, comenzaron a reflexionar sobre sus particularidades y características novedosas. En consonancia con el *giro a la izquierda* que detentaron otros países del Cono Sur, investigadores del campo de la sociología, la historia y la ciencia política se han preocupado por comprender y caracterizar el surgimiento de nuevos liderazgos y por definir las peculiaridades del kirchnerismo y, en especial, de lo que han denominado como la *identidad kirchnerista*. El análisis del discurso ha acompañado estas reflexiones aportando su mirada sobre procesos significantes que resultaban de cabal importancia para comprender el fenómeno.

En este capítulo proponemos la caracterización de ciertos aspectos que consideramos relevantes para definir al kirchnerismo recuperando, para ello, un conjunto de trabajos que se han preocupado por cada una de estas cuestiones. Valga la siguiente aclaración: dada la numerosa y rica bibliografía que podemos encontrar sobre el fenómeno y en vistas, también, a mantener el objetivo central de este trabajo –el análisis del discurso– no nos detendremos en dar cuenta, año tras año, de todos y cada uno de los acontecimientos que se sucedieron durante los años en que el kirchnerismo gobernó el país; ni tampoco en mencionar todos los trabajos que se constituyen como antecedentes de este libro[1], sino que

---

[1] Un exhaustivo *estado del arte* puede encontrarse en nuestra tesis. Ver Gindin, 2016.

rescataremos aquellos vinculados directamente con el objetivo de nuestro trabajo. Las preguntas acerca de qué es el kirchnerismo, qué tradiciones políticas son retomadas por ese movimiento, qué peculiar concepción del poder y de la figura presidencial moviliza y qué identidades ha configurado, se presentan, entonces, como fundamentales.

¿Cómo elegimos caracterizar al kirchnerismo? Sin deseos de exhaustividad, hemos seleccionado cuatro dimensiones que nos permiten rescatar los aspectos más importantes y que, de este modo, nos acercan a la definición de identidad política que aquí analizamos. Por un lado, damos cuenta de ciertas particularidades del liderazgo de Néstor Kirchner en torno al carácter "excepcional" de su llegada al poder. En segundo lugar, nos detenemos a explicitar las singularidades de la vinculación entre el kirchnerismo y su identidad madre, el peronismo, singularidades que aparecieron tanto en el discurso de NK como en el de CFK. En tercer lugar, abordamos una dimensión fundamental del discurso kirchnerista y es aquella que tiene que ver con el modo en que es representada la memoria en los discursos presidenciales. En cuarto lugar, nos abocamos al período inaugurado por CFK en 2007 y analizamos cuatro aspectos exclusivos de ese mandato: la cuestión del género en el discurso; el conflicto con las entidades agropecuarias desatado en marzo de 2008; la compleja y rica relación establecida por el discurso presidencial con los medios de comunicación; y, por último, la inesperada muerte de Kirchner.

2. Somos y seremos pingüinos

La primera dimensión que abordaremos aquí se centra en lo que se ha definido como el carácter "excepcional" de la llegada de Néstor Kirchner al poder. Esta excepcionalidad está dada, al menos, por tres razones: en primer lugar, por la profunda crisis económica e institucional de la que emerge el kirchnerismo; en segundo lugar, porque Kirchner aparecía, para la opinión pública, como un *outsider*, un desconocido; en tercer y último lugar, por el bajo porcentaje de votos con el que NK asume el poder luego de que su competidor, Carlos Menem, decidiera no presentarse al *ballotage*.

La insondable crisis de 2001 no había arrasado solo con la economía argentina, sino que había generado una crisis de representatividad y desconfianza hacia la clase dirigente que se conformarían como enigmas a resolver por quien quisiera detentar el poder. Las consignas de las revueltas populares de 2001 habían sido claras "que se vayan todos/ que no quede/ ni uno solo", convirtiendo al país "en un laboratorio de nuevas formas de acción colectiva" (Svampa, 2008: 18) y dando lugar, finalmente, a una demanda de orden y normalidad. A esta demanda respondió Kirchner con su *slogan* de campaña, "Un país en serio".

En este sentido, el bajo porcentaje de abstención a las elecciones presidenciales[2] demostró una clara participación de los distintos sectores de la sociedad, quienes reclamaban una vuelta a la *normalidad* institucional. En el marco de la ciencia política, los trabajos de los que nos hemos nutrido y que atienden a la llegada de Kirchner al poder resaltan esta excepcionalidad y la analizan en el marco de la fragmentación de los tradicionales partidos políticos y la labilidad de las identidades políticas (ver, entre otros, Quiroga, 2010; Iazzeta, 2011; Cheresky y Annunziata, 2012).

Un exceso de voluntarismo político, una construcción cimentada sobre la concentración personal del poder, un *presidente inesperado* responsable de llevar a cabo una *política audaz*, un tipo de liderazgo *decisionista, instituyente, personalista,* son algunos de los modos que la ciencia política eligió para caracterizar la llegada de Kirchner al poder. La excepcionalidad que estos trabajos le atribuyen al liderazgo de Kirchner abona la hipótesis de un tipo de lazo representativo que debería ponerse a prueba constantemente y que, por tanto, se define como un *vínculo plebiscitario*, un presidente *en campaña permanente.* Aboy Carlés (2005) por su parte, da cuenta del carácter *fundacional* que opera con la llegada de Kirchner al poder, identificando su propia debilidad de origen como la causa de *un nuevo giro fundacional.* También Rodríguez (2014b) estudia el liderazgo de Kirchner y lo trabaja en torno a dos dimensiones que dieron forma a la construcción de su *figura representativa.* Por un lado, *la imagen de sí mismo,* como un líder soberano que no perdía el contacto con *la gente* y, a su vez, como un militante setentista que se situaba por fuera de las tradicionales corporaciones partidarias. Por el otro, la construcción de *la figura de imputacion* con eje en políticas de reforma –en el campo de los derechos humanos y de la justicia– "y a través de la recuperación de los indicadores macro-económicos gracias al establecimiento de un nuevo modelo de desarrollo" (p. 42).

Este aspecto también ha sido trabajado a partir del análisis del discurso y, fundamentalmente, valiéndose del reconocido trabajo sobre el dispositivo enunciativo peronista escrito por Sigal y Verón (2008). Algunos autores, como Dagatti (2010, 2013, 2017) y Martínez (2013) describen el discurso de NK a partir de la identificación de un *modelo de llegada,* que reconoce en su *excepcionalidad,* en su ingreso a la política como *llegando desde afuera,* su riqueza discursiva. Recordemos que Perón se construyó a sí mismo como alguien que llega: en primer lugar, esa llegada hizo referencia a un exterior *extrapolítico,* el cuartel; luego, su llegada sería la del exterior geográfico del exilio. Como apuntan Sigal y Verón (2008), "el modelo de llegada no es otra cosa que un modelo de la *presencia*: si he decidido venir, es porque he observado, desde afuera, vuestra situación. *Ahora estoy aquí*" (p. 37).

---

[2] Recomendamos el análisis que realiza Cheresky (2009) acerca del comportamiento electoral

En el caso de Fernández de Kirchner, es importante tener en cuenta que la fórmula con la que accedió a la primera presidencia fue la Concertación Plural y que quien desempeñó el cargo de vicepresidente era un político proveniente del radicalismo. Los autores que confluyen en caracterizar su liderazgo como lo venimos describiendo, es decir, como *decisionista* o *personlista*, lo atribuyen –sobre todo en lo que concierne al primer período de su mandato (antes de las elecciones legislativas de 2009) –, a la polarización sectorial generada y a una serie de decisiones tomadas aprovechando la mayoría oficialista en el Parlamento (Cheresky y Annunziata, 2012). Esto último hace referencia a la decisión del Poder Ejecutivo, en consonancia con el deseo de *profundizar el modelo*, de promover la aprobación de una serie de leyes que reforzaban el rol del Estado (el traspaso de Aerolíneas Argentinas al control del Estado y el fin del sistema jubilatorio bajo la órbita de las AFJP). La polarización que generó la sanción de dichas normativas, se profundizó ante la decisión de Kirchner de presentarse encabezando la lista de diputados por la provincia de Buenos Aires, convirtiendo a las elecciones en un modo de plebiscitar la gestión.

3. La vinculación con la *identidad madre*

La segunda dimensión que abordaremos aquí tiene que ver con el vínculo que el kirchnerismo estableció con el peronismo, vínculo conflictivo desde sus inicios no solo desde el punto de vista discursivo, sino en el marco de las distintas alianzas y apoyos a través de las cuales el kirchnerismo construyó su aparato partidario.

Recordemos que Kirchner había llegado al poder bajo el apoyo de Eduardo Duhalde, quien lo había elegido luego de barajar a otros candidatos peronistas, como Reutemann o el propio de la Sota. Parte de la conflictividad que suponía este apoyo tenía que ver con que Kirchner se presentaba como un candidato abiertamente en contra de las políticas neoliberales instauradas en los '90, al tiempo que Duhalde había sido parte activa de esas políticas. Su filiación al pejotismo también generaba conflictos, pues Kirchner se asumía como peronista pero identificaba al Partido Justicialista con las políticas desplegadas durante el menemismo. Era necesario, pues, una renovación del partido que le permitiera pasar de esa coalición heredada a una propia. El corolario de la ruptura con el duhaldismo se produjo en el armado de las listas para las elecciones legislativas de 2005, en las que finalmente Cristina Kirchner derrotó a Hilda "Chiche" Duhalde. También durante la presidencia de Cristina Fernández el vínculo con el peronismo tuvo sus vaivenes, que encontraron su síntesis en la elección de Kirchner como presidente del Partido Justicialista en el año 2009.

La identificación de CFK con el peronismo, cuestión que nos interesa particularmente en nuestro trabajo, se realiza a costa de revisitar la tradición de pertenencia, definirla, resignificarla y, fundamentalmente, distanciarla de las interpretaciones neoliberales dadas a la doctrina peronista. Los discursos de CFK, como veremos en los siguientes capítulos, recuperan algunos tópicos e ideas-fuerza del peronismo y realizan una lectura del mismo que fluctúa entre la reafirmación partidaria y la convocatoria a otros sectores no peronistas. A su vez, cobra una significativa importancia la recurrente identificación de Fernández de Kirchner con Evita, recuperando la imagen de una *Eva combativa, plenamente política* de la que la enunciadora se sirve como *ejemplo de conducta.* Más allá de las distancias establecidas con su *identidad madre,* ambos líderes se reconocieron como *peronistas* y despertaron el interés de las ciencias sociales en intentar explicar, describir, analizar el vínculo entre ambas tradiciones políticas.

Una manera de pensar el modo en que el kirchnerismo recupera al peronismo es a partir de la reivindicación de la identificación laborista, la división entre trabajadores y empresarios y una particular articulación entre Eva y las Madres y Abuelas de Plaza de Mayo, sirviendo estas últimas para realizar una apelación al *pueblo* que expanda su filiación peronista (Patrouilleau, 2010). En este sentido, también, cobra importancia la identificación que se realiza desde el discurso presidencial entre Evita y las Madres y Abuelas de Plaza de Mayo, identificación que busca aglutinar el reclamo por los derechos sociales –encarnados en la figura de Eva Perón– y de los derechos humanos –bajo el apoyo de Madres y Abuelas–, haciendo de la lucha por la recuperación de la memoria y contra la impunidad, una lucha del peronismo (Inda, 2013). Por su parte, Montero y Vincent (2013) parten de la hipótesis de que el ex presidente Kirchner llegó al poder de la mano del Partido Justicialista para luego, apartándose de él, formar una identidad política propia, *la identidad kirchnerista.* Las autoras reconocen que el político santacruceño, inscripto en una *identidad madre,* recoge una filiación particular con ese peronismo: el setentista, oponiéndose al peronismo tradicional y definiéndose, él mismo, como un *peronista impuro.*

4. Visitar el pasado para construir el futuro

En esta tercera parte daremos cuenta, someramente, de otro aspecto fundamental del kirchnerismo: el lugar de la memoria. Desde sus comienzos, el kirchnerismo ha establecido un vínculo con el pasado, fundamentalmente con el período de la última dictadura cívico-militar y en este sentido se ha autoproclamado como un férreo defensor de los derechos humanos. El gesto político que supuso la baja de los cuadros de los ex presidentes de facto Rafael Videla y Roberto Bignone de las paredes del Colegio Militar, sumado a la reapertura de los juicios por lesa humanidad luego de la declaración de nulidad de las llamadas *Leyes del Perdón,* y la creación del Museo de la Memoria en el ex predio de la Escuela de Mecánica de la Armada, fueron las primeras acciones de gobierno que delinearon un fuerte rechazo a lo sucedido durante la última dictadura cívico-militar. Un estrecho vínculo con las organizaciones de DD.HH –fundamentalmente con Madres y Abuelas de Plaza de Mayo– se tradujo en la presencia de las mismas en la mayoría de los actos oficiales y en una recurrente referencia a su lucha por parte tanto de Kirchner como de Fernández de Kirchner. Sin embargo, el vínculo con el pasado no se restringe únicamente a este período. La idea de *reparación* recorre la producción discursiva de ambos líderes y "se apoya en la posibilidad de hilar una historia nacional en el marco de una tradición signada por la disrupción de proyectos políticos" (Patrouilleau, 2010: 38-39): "el kirchnerismo abre el pasado como modo de la reparación, y en esa reparación –urgente– recompone la comunidad política" (Yabkowski, 2013: 78). En este sentido, el kirchnerismo se presenta como la posibilidad de refundar la Patria, intentando inscribir el propio proyecto en el marco de la Historia (con mayúsculas). Es por esto que el Bicentenario de la declaración de la Revolución de Mayo en el año 2010, durante la presidencia de Cristina Fernández, fue presentado como la posibilidad de romper con "200 años de fracasos y frustraciones" (01-04-08).

Sobre esta particularidad quisiéramos destacar un aporte fundamental de este escrito, el que realiza Montero (2012a). La autora analiza lo que denominó el *ethos militante* de Néstor Kirchner a partir de la identificación de un rasgo distintivo del discurso kirchnerista que es el de haber recuperado un imaginario político que es reivindicado por primera vez desde el discurso presidencial: la *memoria militante setentista*, es decir, "un 'espíritu de época' que remite a los jóvenes militantes de los años setenta, con sus modos de imaginar y representarse la política" (pp. 16-17). El punto que nos interesa tiene que ver con cómo es resignificada esta generación –la *generación diezmada*– a partir de lo que Lesgart (2006) denomina como "una tendencia del *peronismo mirado con ojos de izquierda*" (p. 182), lo que significa que "los *años'70 pueden y deben considerarse desde los valores mantenidos con anterioridad a la derrota política de 1974/'75 y la militar del pasaje de la clandestinidad a la contraofensiva montonera*"[3] (p. 182). También en este gesto *refundacional* del kirchnerismo se ubican los textos de Dagatti (2015, 2017), cuyos análisis, centrados en los discursos públicos de Kirchner, demuestran que la *refundación kirchnerista* se despliega discursivamente en el cruce de tres ejes: capitalismo, democracia y nación, "ejerciendo una triple reivindicación: una reivindicación de la identidad nacional, una reivindicación de la república democrática y una reivindicación de la condición latinoamericana de la Argentina" (2015: 194).

---

[3] Los destacados son del original.

La forma en que el discurso construye el pasado es un modo de construir el propio liderazgo, es fundar una relación particular con determinados hechos pretéritos y, en ese sentido, establecer vínculos también con otros actores políticos y sociales. Podemos afirmar, a la manera de Ratier (2012), que el modo en que se construye el pasado en el discurso de CFK es a través del *relato histórico* que sitúa a la enunciadora en una posición de saber, en una función didáctica. Este pasado es descripto como un pasado dramático del que solo NK y CFK habrían podido rescatar a los argentinos. La síntesis para comprender qué lectura del pasado se realizó desde el discurso presidencial, la constituyen los festejos por el Bicentenario de la Revolución de Mayo. Si comparamos, tal como lo hace Bermúdez (2015), las operaciones discursivas de CFK durante su primer mandato y las de su antecesor, Néstor Kirchner, podemos rescatar un punto de sumo interés. De acuerdo al autor, al tiempo que Kirchner imponía un *efecto de frontera* en el que las últimas décadas eran interpretadas como un bloque que era interrumpido por la llegada del kirchnerismo al poder, en el caso de CFK la significación de las operaciones de memoria se adquieren por *comparación*, en tanto "el valor del presente social y político regido por el kirchnerismo se establece en relación a otro momento con el cual tiene que irse a medir" (p. 245). En un sentido similar, Maizels (2015) sostiene que el discurso presidencial construye un pasado pleno de fracasos que resulta funcional a la enunciación de un presente que se avecina como *bisagra histórica*. El futuro, por su parte, se presenta como un *horizonte utópico*, solo posible gracias a la irrupción del kirchnerismo en la Historia.

5. Cristina Fernández en escena

Nuestro trabajo aborda un período particular del kirchnerismo, la primera presidencia de Cristina Fernández de Kirchner (2007-2011) y quisiéramos detenernos ahora en una serie de dimensiones que son exclusivas de este período.

Ya a mediados de 2007, Kirchner había propiciado la formación de la Concertación Plural, que reunía a sectores peronistas y no-peronistas y se ubicaba dentro de la centro-izquierda del espectro político. La proclamación de Cristina Fernández como candidata respondió, fundamentalmente, a dos cuestiones: por un lado, pretendía capitalizar el éxito de la salida de la crisis de 2001 –aprovechando, de este modo, el apoyo con el que aún contaba el oficialismo– y, por el otro, comenzar con una nueva etapa, la de mayor institucionalidad. La *legitimidad de origen* (Quiroga, 2010) de la presidenta electa se forjó a la par del 45% de los votos con el que resultó ganadora su fórmula; y, simultáneamente, contaba con una amplia *legitimidad de gobierno* (Quiroga, 2010), atada a los triunfos y logros de la gestión anterior, que se enunciaba ahora como un *cambio en la continuidad* respecto del gobierno de

Néstor Kirchner. De aquí que el gabinete que acompañó a la presidenta casi no sufrió cambios en comparación al gobierno anterior, a excepción del nombramiento de Martín Lousteau como Ministro de Economía. Por eso mismo, si bien Néstor Kirchner no fue reelecto, la sensación de continuidad entre él y su esposa generó una cierta intolerancia, principalmente en los grandes centros urbanos, respecto de esta última. Además, en un hecho político sin precedentes, quien le entregaba el bastón de mando a la presidenta electa era nada más ni nada menos que su esposo. Este dato, lejos de ser anecdótico, se constituyó como blanco de críticas de la oposición –tanto política como mediática–. Fue Eduardo Duhalde quien instaló la idea de *doble comando* y Julio Blanck, periodista del Grupo Clarín, la de *poder bifronte*. Con algunas variaciones semánticas, todas las críticas apuntaban a deslegitimar a la ex mandataria a partir de un discurso que la situaba como un mero instrumento para cumplir los designios de su esposo, por un lado, y para remarcar la distinción entre el poder ejercido por Kirchner en el Partido Justicialista y el detentado por ella en el gobierno, por el otro. Son estas, entre otras, la *condiciones de producción* (Verón, 1998a, 2005) en las que asume CFK y que determinan uno de los aspectos principales a los que atendemos aquí: analizar de qué modo se construye la identidad genérica en el discurso de Fernández de Kirchner. Sin embargo, el análisis de la identidad política en el discurso de CFK, objetivo general de nuestro trabajo, no se agota aquí.

5.1. La yegua

Reflexionar sobre la presidencia de CFK nos obliga, so pena de desatender uno de sus aspectos principales, a discurrir sobre su condición de primera presidenta mujer electa en elecciones libres y democráticas. Esto fue novedoso en dos sentidos: por su condición genérica pero, además, porque quien le entregaba el bastón de mando era nada más ni nada menos que su esposo. Las críticas no tardaron en aparecer, tanto desde los medios de comunicación como desde la oposición e incluso desde la academia, instaurando la idea de *doble comando* para aludir a un matrimonio en el poder y dando lugar a un discurso fuertemente misógino que situaba a CFK como una mujer débil que servía como vehículo de los designios de su marido. Liderazgo bicéfalo, por ejemplo, fue el sintagma que eligió Quiroga (2010) para dar cuenta de la diferencia entre un *jefe de Estado*, Kirchner, y un *jefe de gobierno*, Cristina Fernández.

A medida que avanzó el período de gobierno de CFK, otros calificativos le fueron adjudicados: durante el conflicto con las patronales agropecuarias, CFK recibió el apelativo de *yegua*, un término que no solo refería a algo del orden de lo indomable, sino que resaltaba, a su vez, ciertas características de su aspecto físico. Posteriormente, al producirse el fallecimiento del ex presidente, las críticas buscaron poner en cuestión las capacidades psíquicas de la ex mandataria para continuar en sus funciones como gobernante, vinculando su condición de viuda con cierta fragilidad que la volvería incompetente. Por tanto, las disputas en torno a *qué es ser mujer* y, fundamentalmente, *qué es ser mujer en la arena política*, aparecen en el discurso de CFK de manera dialógica, respondiendo a estos discursos circulantes. La reproducción de estereotipos de género –tanto desde la oposición como desde el propio discurso presidencial–, la puesta en visibilidad de *lo íntimo*, la confluencia de las esferas pública y privada, fueron aspectos abordados a partir de los aportes de una serie de trabajos que ofrecen una visión crítica sobre las problemáticas alrededor del género[4].

Muchos de los trabajos que, desde el análisis del discurso, reflexionaron en torno al género en el discurso de CFK lo hicieron en comparación con otras mandatarias, tales como Michelle Bachelet en Chile y Dilma Rouseff en Brasil. Discutiremos, más adelante, con el trabajo de Vitale (2014) quien sostiene que CFK se inscribe en un *nosotros las mujeres* en tanto víctimas, lo que "tiende a naturalizar y deshistorizar la situación de desigualdad de la mujer respecto del varón, dificultando su modificación" (p. 73). En este trabajo consideramos que la pertenencia genérica de CFK se utiliza como *capital de legitimación discursiva* (Valenzuela Somogoyi, 2015). No hay, como trabajaremos en detalle, un cuestionamiento respecto de los estereotipos de género pero sí se dota al *ser mujer* y a sus dificultades intrínsecas de una caracterización positiva que significaría una superioridad moral de las mujeres para formar parte de la esfera pública. Valenzuela Somogoyi (2015) reconoce que el discurso de la ex presidenta no recupera la "imagen divina sacrificial de las mujeres ligada a la figura de lo materno como constructo cultural latinoamericano" (p. 14) sino que CFK vincula su liderazgo con la idea de mujeres trabajadoras, decididas, impetuosas. Nos hemos valido también del trabajo de Pérez (2013) quien analiza algunas transformaciones en los modos en que CFK construye su imagen en el discurso presidencial, desde el punto de vista de los estereotipos de mujer en los que se inscribe. Por último, recuperamos el trabajo de de Grandis y Patrouilleau (2010), quienes desde una perspectiva de género y a partir de herramientas de la teoría política posestructuralista, analizan la llegada de CFK al poder entendiendo que la misma *generiza* la política, debatiéndose un lugar en medio de relaciones homosociales –incluso, aquellas propias de la historia del peronismo–. Recuperando las críticas esgrimidas desde la prensa y desde los sectores opositores, las autoras enfatizan el carácter heteronormativo de las

---

[4] Nos referimos a: Dorlin (2009), Butler (2007), Colaizzi (1992), de Lauretis (1989, 1992), Arango, León y Viveros (1995), Pautassi (2002), Fernández Cordero (2016), Jelin (1994, 2002), Mouffe (1999), Laudano (2010), entre otros.

mismas, mostrando el modo en que reproducen los estereotipos de género: "El *matrimonio presidencial* no solo incorpora y reactiva significantes que reconfiguran el campo político argentino, sino que pone de manifiesto la naturaleza heterosexual normativa de la política y de los discursos de la oposición"[5] (p. 41).

5.2. El dispositivo enunciativo kirchnerista en el marco del "conflicto con el campo"

Un segundo eje para pensar el kirchnerismo en esta primera presidencia de Fernández de Kirchner está dado por el conflicto con las patronales agropecuarias desatado en marzo de 2008. A modo de síntesis, recordemos que el mencionado conflicto tuvo lugar a partir de la comunicación del Poder Ejecutivo –la Resolución N°125– de una serie de medidas destinadas al sector agropecuario que suponían una suba en las retenciones para la soja y el girasol y una reducción para las del maíz y el trigo, constituyéndose como *retenciones móviles* supeditadas al incremento de los precios internacionales. El mensaje del Ejecutivo era claro: la renta generada por el agro era considerada una *renta extraordinaria* y, como tal, debía participar en la distribución del ingreso. La medida contó, de forma inmediata, con el rechazo de las entidades que nucleaban a los productores agropecuarios[6] y de gran parte de la clase media, tanto urbana como rural, generando una serie de protestas –conocidas como *lock out patronal*– que incluyeron cortes de ruta, tractorazos, cacerolazos y otras formas de manifestación desplegadas por más de tres meses. El punto nodal del conflicto era una disputa por la legitimidad del Ejecutivo para tomar tal medida, lo que resultó en el envío del proyecto de ley para que fuera sometido al voto de los legisladores. El resultado, mediante el voto *no positivo* del ex vicepresidente Julio Cobos, dio marcha atrás con la medida.

Por la magnitud del conflicto, por sus particularidades y por las consecuencias que supuso en términos de apoyo electoral, podemos advertir un cambio en la conformación del dispositivo enunciativo que tuvo su correlato en una proliferación de artículos que abordaron la temática. A modo de síntesis, destacamos, por ejemplo, la idea de que, a partir de ese momento, el *contradestinatario* es construido en términos de exterioridad absoluta de lo político, en tanto la enunciación presidencial lo define como golpista

---

[5] El destacado es del original.

[6] A partir de este conflicto, se conformó la "Mesa de Enlace", organización que reunía a las cuatro entidades agropecuarias que nuclean a los productores agropecuarios del país: la Sociedad Rural, la Federación Agraria, Confederaciones Rurales Argentinas (CRA) y la Confederación Intercooperativa Agropecuaria (ConInAgro).

(Martínez, 2008). Como contrapartida, CFK construye un *contrato pedagógico* en el que se exponen, sin ambages, las causas y características del conflicto, a partir de la exposición de diagnósticos, de estrategias de veridicción, etc. En este mismo sentido es posible afirmar que la *identidad kirchnerista* se constituye como un fenómeno que termina de cobrar consistencia una vez que se produce la crisis con el sector agropecuario (Lüders, 2014). Esta identidad, que se construye de modo procesual, tiene lugar a partir de la *intransigencia* con la que el segundo gobierno kirchnerista abordó la *crisis con el campo* "y la centralidad que readquirió la enunciación de la recuperación de la gesta marcada epocalmente por los pasados setentas, ya expresada durante los comienzos del gobierno de Néstor Kirchner" (pp. 78-79). En esta proliferación de reflexiones, destacamos el libro compilado por Aronskind y Vommaro (2010) que reúne una serie de artículos que problematizan el conflicto bajo tres ejes: en primer lugar, analizan la construcción de dos actores participantes de la coyuntura –el campo y el Gobierno– en el marco de la discusión por la legitimidad del conflicto; en segundo lugar, dan cuenta de la cobertura mediática del mismo; en tercer y último lugar, se centran en reflexionar sobre el lugar del Estado, los actores sociales y las políticas económicas.

5.3. El país real vs. el país mediático

En el marco del conflicto generado por la Resolución N°125, el Ejecutivo decidió avanzar en la sanción de una nueva ley de medios, la Ley de Servicios de Comunicación Audiovisual (LSCA), nombrando a Gabriel Mariotto como interventor del Comité Federal de Radiodifusión (COMFER) quien definió el avance sobre la nueva ley como "la madre de todas las batallas". Solo ese sintagma resume la importancia que el kirchnerismo le otorgó a la sanción de marcos regulatorios en materia de comunicación y, paralelamente, al conflictivo vínculo que, principalmente desde la enunciación presidencial, se estableció con el Grupo Clarín. En este marco, el gobierno sancionó una serie de medidas que pretendían encuadrar las políticas comunicacionales: el envío al Congreso del proyecto de ley para suprimir la figura de calumnias e injurias (11-09-11), el lanzamiento del programa Fútbol para Todos (20-08-09), el juicio por Papel Prensa que concluyó en la declaración de interés público de la pasta de celulosa (24-08-10), entre otros. En este sentido, las ciencias sociales se mantuvieron alertas ante un fenómeno novedoso que proponía abandonar la antigua mirada sobre la información en tanto mercancía, para comenzar a pensarla como un derecho, derecho que suponía la plena intervención del Estado.

Desde la perspectiva de análisis que sitúa a la *mediatización* en el centro de la escena, de Diego (2014 a y b) problematiza la caracterización de la prensa durante el kirchnerismo en tanto actor político al advertir que, a pesar de observase una mediatización de la política y una politización del discurso mediático –como ya lo anticipaba Verón (1998b) –, la intervención del discurso mediático responde a una *gramática* distinta, a "lógicas diferentes a nivel de la discursividad" (de Diego, 2014a: 27). Lo que caracteriza a la participación polémica del discurso mediático es, en todo caso, su *politicidad*. Fernández, M. (2014, 2016), por su parte, observa ciertas particularidades de la mediatización de la política en la Argentina contemporánea, particularmente luego del conflicto con las entidades agropecuarias. Lo fructífero del análisis del autor radica en que aporta elementos para pensar el vínculo entre los medios y la política, durante el kirchnerismo, como un problema *por y con* los discursos intermediarios, dando lugar a una discusión –inédita– sobre el papel del periodismo y su legitimidad. Si un problema típico de la mediatización durante el kirchnerismo es, como sostiene el autor, un problema *por y con* los discursos intermediarios, la posición que asume CFK respecto del dispositivo audiovisual, resulta de cabal importancia. A este objeto se dedicaron Cingolani (2009, 2015), Valdettaro (2014) y Fernández, J.L. (2017). En todos los casos, los autores analizan la construcción de la *figura presidencial* y el vínculo establecido con la cámara. Particularmente, Cingolani (2009) explicita las particularidades del uso de la cadena nacional por parte de CFK: a diferencia de la utilización que hasta el momento habían hecho los demás presidentes, la estrategia de CFK consistió en emplazar su figura en espacios amplios donde era acompañada por una multitud. Esta innovación comporta, para el autor, dos grandes pérdidas: por un lado, se pierde el contacto directo con el televidente, dado que CFK *no mira a cámara* –cuestión en la que también se detiene Valdettaro (2014) –; por el otro y como consecuencia del primer punto, se "permuta un vínculo indicial por uno icónico, un pasaje del contacto a la identificación" (2009: s/p). En el segundo trabajo del mismo autor (2015), el centro está puesto en los cambios que comporta la estrategia descripta, a partir de la muerte de Kirchner, cuestión a la que nos abocaremos en el Capítulo III. Fernández J.L. (2017), por su parte, identifica dos rasgos estilísticos que dieron forma a la figura argumentativa mediatizada de la ex presidenta: el *registro confrontativo* y el *registro didáctico*. En el primer caso, se trata de un componente inherente al discurso político y es, en este sentido, compartido por otros líderes; en el segundo, sin embargo, es donde el autor encuentra su conflictividad. La jerarquía propia del *estilo didáctico* "es una confrontación entre jerarquías culturales que se rigen por otros parámetros que las de la política" (s/p).

En el marco del análisis del discurso, varios artículos se preocuparon por analizar la enunciación presidencial, fundamentalmente de CFK, en relación a los medios. Dado que el dispositivo enunciativo cambiaría radicalmente a partir del conflicto con las entidades agropecuarias, dar cuenta de la centralidad que adquirieron los medios en la retórica presidencial se tornó objeto de estudio de variados autores. En el caso del discurso de NK, recuperamos el artículo de Vincent (2011) quien da cuenta del principal cambio advertido en su producción discursiva: el discurso de NK convirtió a los medios en opositores políticos, quitándoles el ideal de prensa independiente que habían detentado durante largos años. La disputa, entonces, se transformó, de acuerdo a la autora, en una disputa *por la mediación*. Este papel de los medios en tanto opositores políticos es también detectado por Martínez (2012) a partir del análisis de los discursos de ambos ex presidentes, dando lugar a que su capacidad *de decir verdad* fuera cabalmente puesta en tela de juicio por parte del Poder Ejecutivo.

5.4. El fin como inicio: la muerte de Kirchner

El cuarto eje con el que trabajaremos se centra en el fallecimiento del ex presidente Néstor Kirchner, ocurrido el 27 de octubre de 2010. La muerte de Kirchner, inesperada, se transformó en un hecho político sin antecedentes vislumbrado en las multitudinarias muestras de afecto que se sucedieron durante su velatorio, desarrollado por tres días en el Salón de los Patriotas Latinoamericanos. La exposición del féretro y las filas de personas dispuestas a ingresar a la Casa Rosada configuraron una escena nunca antes vista. La grilla televisiva se colmó de homenajes al ex presidente y de transmisiones, en vivo, de lo que acontecía en la Casa Rosada. La ex presidenta, visiblemente emocionada, reapareció en público mediante una cadena nacional el primero de noviembre. Vistiendo de luto, como lo haría durante tres años, comenzó a reconfigurar su enunciación, que aquí caracterizaremos como la irrupción del *ethos íntimo*. Cingolani (2015) analiza este primer discurso en el marco de la teoría veroniana identificando un cambio respecto de la modalidad enunciativa que el discurso presidencial había utilizado hasta ese momento: la transformación se verifica en el paso del *espectáculo* al *contacto*. Este cambio de estrategia "repone en el seno de lo público una dimensión no prevista ni provista en la figura del gobernante: el estado de ánimo" (p. 195). El estado de ánimo, sus capacidades psíquicas, la viudez, fueron los principales argumentos que comenzaron a ser esgrimidos desde la prensa y desde la oposición para cuestionar la capacidad de CFK para continuar gobernando. A la idea de *doble comando* y de *yegua* se le sumaba ahora la *preocupación* por la salud mental de la presidenta. Nuevamente, un discurso misógino que construía a CFK como incapaz, débil e inestable psíquicamente se replicó en la opinión pública, y el discurso presidencial respondió en numerosas ocasiones, como veremos en el capítulo correspondiente. Fue en ese primer discurso en el que *los jóvenes* comenzaron a adquirir un papel central en la enunciación presidencial. Esta interpelación a la juventud desde el propio Estado, acompañada de una creciente incorporación de jóvenes militantes a las filas del kirchnerismo, se transformó en una de las principales consecuencias de la muerte de Kirchner.

Además de la importancia dada a la juventud desde el discurso presidencial, la figura de Néstor Kirchner se transformó en la referencia permanente de la enunciación de CFK, referencia que insistía en nombrarlo a Kirchner a partir de la utilización de la tercera persona: Él. Aparecían en la referencia a Kirchner una serie de significados, de tópicos, que lo transformaban en fuente de legitimidad y que lo construían, como diremos en este trabajo, en una suerte de *fundador innombrable*. Como analizan Bubenik y Simison (2012), el discurso presidencial de CFK en referencia a Kirchner construye tres significantes vacíos: la de *fundador*, la de *salmón* y la de *juventud maravillosa*, que aglutinan una serie de demandas propias de la formación hegemónica kirchnerista. Interesante resulta a este respecto la idea planteada por los autores acerca de la posibilidad de pensar al Kirchner *fundador* en tanto *mito de los orígenes*, a través del cual "la discursividad oficialista busca borrar las huellas del origen histórico de su hegemonía con el objeto de hacer olvidar su carácter contingente" (s/p). También alrededor de la idea de *mito y mitología* se sitúa el escrito de Biset (2012), quien atribuye la construcción de Kirchner en tanto *mito político* a partir de la posibilidad, dada por el kirchnerismo en general y por la muerte de Kirchner en particular, de repensar la política en términos positivos, opuesta a la subjetividad propia de los '90, cuya integridad estaba dada por la no contaminación con la política estatal.

Paralelamente a la emergencia de un discurso presidencial que incorpora la imagen de Kirchner como aglutinadora de una serie de demandas resignificadas por el kirchnerismo, se construyó, desde la militancia oficialista, el ícono del *Nestornauta* o el *Eternestor*, una mutación del héroe creado por Oesterheld y Solano López en la década del '50. Las imágenes del *Nestornauta* comenzaron a aparecer de manera recurrente en los actos públicos del kirchnerismo, asociando a Kirchner tanto con el personaje de la historieta –dado que en la misma se comparaba, metafóricamente, la invasión alienígena con la penetración imperialista al Tercer Mundo (Francescutti, 2015) – como con el autor empírico del cómic, conocido intelectual desaparecido durante la última dictadura militar.

Por su parte, Fernández y Gago (2011) interpretan la utilización de la historieta como *herramienta de mitificación política* y, a partir de ello, proponen –y adherimos– que la incorporación del personaje del "Eternauta" se comprenda como un elemento de la interpelación discursiva del kirchnerismo "en tanto práctica que se inscribe en los procesos de constitución de identidades políticas, culturales y sociales en el contexto de las luchas por la imposición de una visión legítima del mundo social" (s/p).

6. La identidad, el *ethos* político y el análisis del discurso

En la adaptación de nuestra tesis a este libro, elegimos dejar de lado una gran parte de nuestras reflexiones teóricas y metodológicas que, entendemos, tienen sentido en un escrito doctoral más no en este espacio. Sin embargo y para no descuidar la rigurosidad, mencionaremos algunos aspectos que consideramos no pueden ser obviados para, luego, imbricar resultados de análisis con explicitaciones teóricas.

En primer término, nuestro trabajo construye un aparato conceptual que hace dialogar a la ciencia política con el análisis del discurso. Esto es así dado que nuestro objeto requiere de un abordaje interdisciplinar en tanto se ubica en el terreno de las creencias, las ideologías y los aspectos simbólicos de los fenómenos políticos –problemáticas propias del campo del análisis del discurso– al tiempo que indaga en torno a los liderazgos y a la construcción de vínculos representativos –temáticas propias de las ciencia política–. En ese cruce y a fin de deslindar la categoría de *identidad política* recuperamos la definición y dimensiones de análisis que propone al respecto Aboy Carlés (2001) y establecemos, a partir de ellas, puntos de contacto con categorías propias del análisis del discurso. En este libro entendemos a las identidades políticas tal como lo hace el autor, en tanto "prácticas sedimentadas configuradoras de sentido que definen orientaciones gregarias de la acción a través de un mismo proceso de diferenciación externa y homogeneización interna" (p. 64). Si estas identidades pueden ser abordadas a partir de la existencia de una alteridad, de un vínculo con la tradición de referencia y de la representación, aquel "nunca acabado cierre interior de una superficie identitaria" (p. 66), ¿cómo es que eso se analiza en la materia significante?, ¿en qué mecanismos se observa la alteridad?, ¿cómo dialoga la voz presidencial con los hechos pretéritos?, ¿de qué modo se forja el vínculo representativo en el discurso? Mostraremos, a lo largo de los siguientes capítulos, estas relaciones que proponemos entre ambos campos disciplinares.

Tal como dijimos en la Introducción, nuestro trabajo se basa en una hipótesis teórica y otra empírica. En el primer caso, en estas páginas proponemos la hipótesis de que es posible pensar a la identidad política a partir de su anclaje discursivo en la noción de *ethos*. En cuanto a la hipótesis empírica, sostenemos que CFK construye dos imágenes de sí misma, dos *ethos*, que nombramos como *ethos magistral* y *ethos íntimo*.

Dada la complejidad de las categorías que dan sustento a nuestra hipótesis teórica –la de identidad y la de *ethos*–, deslindaremos los sentidos a ellas asociadas para, luego, abocarnos a los resultados de análisis.

Preguntarse sobre la identidad es una problemática recurrente en ciencias sociales, y hacer un racconto de los autores y las perspectivas teóricas a partir de las que ha sido abordada excede los objetivos de este libro. Sin embargo y a modo de resumen, estos han variado, en términos generales, entre un concepto *fuerte* de identidad, que suponía una posibilidad de permanencia en el tiempo, asociada a características homogéneas y estables y que se comprendía en tanto *cualidad intrínseca de las cosas*, y una concepción vinculada al constructivismo, de la que nos valemos aquí, que rescata la diferencia y la heterogeneidad en las formaciones sociales (Lomnitz, 2002).

Es a partir de aquí, de esta noción constructivista de la identidad, que avanzamos hacia la definición de la *identidad política* sirviéndonos de la conceptualización que propone Aboy Carlés (2001) y que mencionamos anteriormente. La identidad política, para el autor, "se constituye y transforma en el marco de la doble dimensión de una competencia entre las alteridades que componen el sistema y la tensión con la tradición de la propia unidad de referencia" (p. 54).

Por lo tanto, indagar sobre las identidades políticas es no solo estudiar un tipo de lazo político sino, del mismo modo, enfrentarse a una recurrente tensión entre lo particular y lo universal, "re-crear espacios solidarios que suponen una cierta comunidad de sentido, de significados compartidos que se traslucen en la conformación de asociaciones y disociaciones" (Aboy Carlés y Canelo, 2011: 9). Consideramos los aportes de Aboy Carlés (2001, 2011) como particularmente interesantes ya que el autor argentino propone no solo un conjunto de categorías teóricas para el estudio de las identidades políticas, sino que acompaña estas reflexiones con una propuesta metodológica para su abordaje. Dicha propuesta se basa en la distinción de tres dimensiones: la *alteridad*, la *representación* y la *perspectiva de la tradición*. Ahora bien, al tiempo que estas dimensiones resultan operativas para el análisis de las identidades políticas y atienden a aspectos que consideramos imprescindibles para su abordaje, desde el campo del análisis del discurso –en el que nos situamos aquí– queda aún abierta la pregunta acerca de la inscripción discursiva de las identidades políticas, matiz que intentaremos reponer en las páginas que siguen. Asimismo, dichas dimensiones aparecen ubicadas en los mismos niveles siendo que, a nuestro criterio, se encuentran jerarquizadas. Sostenemos aquí que la preocupación acerca de la alteridad y la perspectiva de la tradición se encuentran, en el análisis de las identidades políticas, al servicio de la comprensión de aquel vínculo, histórico y determinado, que establece el representante con sus representados.

Ahora es turno de detenernos en la categoría de *ethos*, categoría compleja y que recupera aportes disciplinarios distintos. Nos encargaremos de rastrear esta concepción.

Para la retórica aristotélica, el *ethos* supone una proyección de la propia imagen del enunciador en su discurso. Como parte de las pruebas que se obtienen por medio del discurso vinculadas al conmover, la *ethè* son los aires del orador, sus atributos, su carácter, la manera en la que elige mostrarse frente al auditorio: "debo significar lo que quiero ser para el otro", nos apunta

Barthes (1974: 63). Esta imagen que proyecta el orador en su discurso es de gran fuerza persuasiva, dado que tiene como función otorgarle credibilidad y legitimidad a su palabra; al fin de cuentas, el auditorio debe poder identificarse con ese orador. De aquí también la importancia de la contracara de la *ethé*, indisociable de ella, la *pathé*, los sentimientos del auditorio.

Fue Ducrot (1984) el primero en integrar la noción de *ethos* a su teoría polifónica de la enunciación y en elaborar, asimismo, una distinción entre *lo dicho* y *lo mostrado*:

> [El *ethos*] no tiene que ver con las apreciaciones elogiosas que el orador pueda hacer sobre su propia persona en el contenido de su discurso, afirmaciones que por el contrario son susceptibles de chocar al auditorio, se trata en cambio de la apariencia que le confieren la cadencia, una entonación calurosa o severa, la elección de las palabras o de los argumentos... En mi terminología, diré que el *ethos* está asociado a L, el hablante como tal. En tanto que L es la fuente de enunciación se ve revestido de ciertos rasgos de carácter que, de rebote, hacen de esta enunciación algo aceptable o repelente (Ducrot, 1984: 201).

Se abre aquí la atención a los aspectos extra-discursivos que se desprenden de la noción aristotélica, en tanto el *ethos*, en el marco de las teorías argumentativas contemporáneas, no da cuenta solo de los atributos reales del enunciador, sino de la confianza que este moviliza como efecto de esa enunciación. En este sentido, tanto Amossy como Maingueneau identifican un *ethos previo* o *prediscursivo*. Amossy (2001), por caso, afirma que la posición institucional del orador y, simultáneamente, el grado de autoridad que de ella se desprende, contribuyen a la conformación de un *ethos previo*. Por su parte y retomando a Amossy, Maingueneau considerará que el *ethos prediscursivo* resulta "relevante en el dominio político, puesto que allí los posicionamientos ideológicos, las apariciones y aprehensiones mediáticas del locutor o los propios géneros discursivos pueden generar expectativas en relación al *ethos*" (Maingueneau, 1999: 78 citado en Montero, 2012b: 229). Desde un enfoque enunciativo-argumentativo, el autor considera al *ethos* como una parte integral del dispositivo enunciativo. Con esto se separa de la identificación del *ethos* con una especie de estrategia o procedimiento, incluyéndolo en la propia *situación de enunciación*. El *ethos* es, para Maingueneau (1996), una instancia subjetiva que juega el papel de garante:

> A lo que hemos llamado el "garante", cuya figura debe construir el lector a partir de índices textuales de diverso orden, se le atribuye así un *carácter* y una *corporalidad*, cuyo grado de precisión varía según los textos. El "carácter" corresponde a un haz de rasgos psicológicos. En cuanto a la "corporalidad", esta se encuentra asociada a una complexión corporal, pero también a cierta manera de vestirse y de moverse en el espacio social. El *ethos* implica así una póliza tácita del cuerpo aprehendida a través de un

comportamiento global. Carácter y corporalidad del garante se apoyan entonces en un conjunto difuso de representaciones sociales valorizadas o desvalorizadas, sobre las cuales se apoya la enunciación y que a su vez contribuye a transformar o a consolidar[7] (Maingueneau, 1996: 81).

Decíamos que Maingueneau (1996, 2005) incorpora la noción de *ethos* a la de *situación de enunciación o escena de enunciación* para desprenderse de las interpretaciones instrumentalistas dadas al concepto. Esta escena comporta tres escenas complementarias: la *englobante*, correspondiente al tipo de discurso; la *genérica*, que da cuenta del género del discurso; y, por último, la *escenografía*, aquella "escena de habla que el discurso presupone para poder ser enunciado y que en reciprocidad debe validar a través de la enunciación misma" (Maingueneau, 1996: 82). El concepto de *escenografía*, tal como lo desarrolla el autor, es potente y útil a nuestros fines, pues asocia a un enunciador con un destinatario, en un momento (cronografía) y lugar (topografía) determinados. Maingueneau (1996) preferirá el término de *escenografía* al de *escena* pues considera que recupera dos aspectos fundamentales: en primer término, porque añade una dimensión teatral; en segundo, porque no se define en términos de decorado o marco, como si el discurso se instalara en un espacio ya construido, sino que el propio desarrollo de la enunciación lo instaura.

Por último, resulta de interés las revisiones conceptuales que realiza Plantin (2012), marcando la distancia entre aquellas teorías monologales, que reducirían el *ethos* a una identificación con el autor del enunciado, de aquellas que se basan en un enfoque dialógico y que, por tanto, complejizan la pregunta acerca de con quién (o con quiénes) puede identificarse el auditorio. En este sentido recupera tres elementos constitutivos del *carácter moral* del locutor: a) un primer elemento anterior al discurso, extradiscursivo, vinculado con el prestigio, el carisma, la reputación; b) un primer elemento intradiscursivo, que resulta un efecto del propio discurso y que se construye "a partir de rasgos idiosincrásicos de todos los niveles: la voz, poderoso vector de atracción/repulsión, los usos lexicales, la sintaxis, la forma de articular las palabras, las bromas favoritas, etcétera" (p. 90); c) un tercer elemento, también intradiscursivo, que el autor retoma de Ducrot y que se vincula con lo que el orador puede decir de sí mismo. Estos tres elementos corresponden a: "persona extradiscursiva, persona inferida a partir del discurso y persona tematizada en el discurso" (p. 91).

Este primer modo de comprender el *ethos* comporta uno de los aspectos que consideramos en nuestro trabajo aunque debemos atender a otros igualmente importantes. Por ello, apelamos a toda una raigambre de este término

---

[7] Los resaltados son del original.

que solo comprendemos al acercarnos a la sociología y la teoría política; más específicamente al pensamiento de Weber y Bourdieu, con el fin de entender el vínculo entre identidad política y *ethos* de una manera más acabada. Tomamos, a partir de aquí, el recorrido que realiza Montero (2012a y b) acerca de las acepciones sociológicas vinculadas al *ethos* en los autores antes mencionados. En primer término, Weber utiliza el término *ethos* para referirse al *ethos burgués* y al *ethos protestante* al analizar las éticas económicas que subyacen a las distintas prácticas religiosas[8]. El *ethos*, de acuerdo al autor alemán, tiene que ver con una orientación ético-práctica para la acción. En su modelo político, Weber (1979) distingue dos éticas –opuestas e irreductibles– inherentes a toda acción éticamente orientada: *la ética de la convicción* y la *ética de la responsabilidad*. El sentido ético, entonces, de cualquier accionar político reside "en la posibilidad de convencer de que se 'es otro'" (Novaro, 2000: 187):

> En suma, puede decirse que en Weber el *ethos* se presenta como una "actitud práctica" (Martínez, 2007: 49), como un conjunto de motivaciones, ordenamientos, valores, creencias y reglas más o menos implícitas, principios de razonabilidad no necesariamente formulados, históricamente construidos y socialmente compartidos que articulan las prácticas, orientan la acción de los individuos y les proveen marcos de sentido (Montero, 2012b: 236).

De aquí se desprende, a su vez, la noción de *habitus* en Bourdieu que encierra a la de *ethos*[9] y que "es una apuesta por escapar al dualismo subjetivismo/ objetivismo y por incorporar al análisis de los procesos sociales tanto las determinaciones estructurales como las motivaciones subjetivas de la acción" (Montero, 2012b: 231). El *habitus* es, para el autor, un sistema construido históricamente que da cuenta de actitudes, modos de ser, disposiciones, que orientan la acción colectiva, "principios generadores de prácticas distintas y distintivas (…); pero también son esquemas clasificatorios, principios de clasificación, principios de visión y de división, aficiones diferentes" (Bourdieu, 1997: 20).

Esta acepción del *ethos* desde ambos puntos de vista –retórico y sociológico– nos permite alejarnos de las corrientes teóricas que utilizan al *ethos* como una mera herramienta que serviría para que el enunciador construya una imagen de sí mismo que sea determinante en la persuasión de un otro. Entonces, no solo existen ciertas características a partir de las cuales el enunciador inviste su enunciado, conjugando modos, entonaciones, elecciones

---

8 Ver "La ética protestante y el espíritu del capitalismo" (1995).

9 Bourdieu apunta: "He empleado la palabra *ethos*, después de muchas otras, por oposición a ética, para designar un conjunto objetivamente sistemático de disposiciones con dimensión ética, de principios prácticos (la ética es un sistema intencionalmente coherente de principios explícitos)" (Bourdieu, 2002: 133 citado en Montero, 2012a: 44-45)

argumentativas; sino también, un componente de índole política a partir del cual se crea una comunidad de sentido que funciona como vínculo identitario entre los sujetos.

Ahora bien, en este libro no analizamos cualquier *ethos*, sino un tipo de *ethos*, el *ethos político*. Entendemos por *ethos político* aquel tipo de *ethos* que se configura en la pretensión de quien enuncia de erigir su figura como la de líder y movilizar la creencia y la adhesión de aquellos sectores que pugna por representar. Por tanto, los discursos proferidos en el marco de lo que aquí entendemos por *ethos político* aglutinan un conjunto de tópicos o ideas-fuerza propias de la comunidad que se pretende representar. La particularidad del *ethos político* que analizamos es que, quien enuncia, no se presenta como parte de un sector, sino que representa a la comunidad toda. El *ethos político*, por tanto, encuentra, en el ámbito de la ciencia política, su correlato en la figura del líder. Entonces, ¿qué entendemos aquí por liderazgo? Se vuelve necesario, por lo tanto, articular los conceptos de *representación* e *identidad*, con el de liderazgo.

Si bien nuestra preocupación no se sitúa en el ámbito de la ciencia política sino en el del análisis del discurso, las reflexiones en torno a la representación, el liderazgo y la identidad política son inherentes a nuestro objeto de estudio. Si la política y la representación logran hacer emerger una idea común como principio unificador de una comunidad, tenemos por cierto entonces, que la representación antecede a la identidad y la produce. Esto significa "que hace presente la idea de una unidad política, la cual se corporiza en una voluntad de algún tipo 'mediante el reconocimiento de quienes componen el pueblo'" (Duso, 1987: 304 citado en Novaro, 2000: 211). Es entonces en la figura del representante o líder en donde se articula este principio unificador y es él quien se erige en portavoz de los intereses de esa comunidad y se permite hablar en su nombre.

Pues bien, dijimos que la representación produce identidades y que el líder encarna este principio que unifica a una determinada comunidad política. Dicho líder tiene una capacidad de acción instituyente, "reconfigurando de forma decisiva el contexto histórico e institucional en el que su acción relacional se inscribe" (Rodríguez, 2014a: 36). Podemos entenderlo, como lo hacen Novaro (2000) y Rodríguez (2014a), en tanto *figura representativa*:

> Un líder político es una persona representativa en la medida en que es capaz de representar "el bien común" o algún otro ideal que unifique a la comunidad política. La capacidad representativa del líder político se manifiesta en toda su magnitud en el acto de decisión que hace presente y concreta dicha idea (Novaro, 2000: 164).

Es claro que la representación no se refiere, simplemente, a transmitir la voluntad de aquellos a quienes se representa, pues no hay nada parecido a la transparencia en el vínculo representativo y el mismo no puede entenderse como una re-presentación, es decir, como la presentación de algo ya dado. En tanto no implica una relación de transparencia entre uno y otro polo del lazo representativo, tampoco se limita a que uno –el representante– actúe como actor pasivo o mediador de los intereses de la comunidad. Al respecto, afirma Laclau (1993):

> En lo que concierne al representado, si este necesita ser representado es porque su identidad básica está constituida en un lugar A y las decisiones que afectan su identidad se tomarán, en cambio, en un lugar B. Pero en tal caso su identidad es incompleta y la relación de representación, lejos de ser una identidad cabal, es un suplemento necesario para la constitución de la identidad. Lo decisivo es averiguar si este suplemento puede ser deducido simplemente del lugar A en que se constituyó la identidad original del representado o si es un agregado enteramente nuevo, en cuyo caso la identidad del representado quedaría transformada y ampliada (Laclau, 1993: s/p).

Como podemos apreciar, esta caracterización del representante le permite al autor argentino separarse de cualquier consideración del liderazgo en términos de *sugestión* o *manipulación*. Más bien entenderá que la función del representante es agregar algo al interés que representa, no ser un mero agente pasivo, "sino dar credibilidad a esa voluntad en un *milieu* diferente de aquel en el que esta última fue originalmente construida" (Laclau, 2009: 200).

Desde la sociosemiótica veroniana y atendiendo al lugar del líder en el marco de la construcción de un dispositivo enunciativo, Sigal y Verón (2008) afirman:

> Un líder político no es jamás un personaje cristalizado, como si se tratara de una imagen estática que, poseedora de un poder "carismático", concentraría, por razones de "personalidad", la fascinación y la creencia de las masas. Abordar el problema del liderazgo político desde el punto de vista del dispositivo de enunciación permite comprender que un líder no es otra cosa que un *operador*, extremadamente complejo, por el que pasan los mecanismos de construcción de una serie de *relaciones* fundamentales: del enunciador con sus destinatarios, del enunciador con sus adversarios, del enunciador con las entidades imaginarias que configuran el espacio propio al discurso político. Comprender la especificidad de este nudo de relaciones es una condición indispensable para identificar la especificidad de los mecanismos a través de los cuales, dentro de un movimiento político determinado, se genera la creencia y se obtiene la adhesión (Sigal y Verón, 2008: 51-52).

Si el líder es, tal como lo afirman los autores, un *operador* a través del cual se construyen las relaciones con los demás participantes de la escena enunciativa, la categoría de *ethos* en tanto "origen de las coordenadas enunciativas" (Maingueneau, 2005: s/p) se torna fundamental a la hora de pensar las creencias y configuraciones de sentido que el líder moviliza como parte fundamental de su construcción identitaria.

Es en este punto donde resultan de interés las consideraciones que expone de Ipola (1987) en su libro *Ideología y discurso populista*. Indagando sobre el liderazgo encarnado en la figura de Perón, el autor rescata dos elementos. En primer término, que la figura del líder se constituye *a través y por medio de discursos*; es decir, del ciclo de la producción, circulación y recepción de los discursos. En segundo término, "y por una suerte de efecto de retorno, dicha figura misma, una vez constituida, se vuelve a su turno *constitutiva* del sentido objetivo de los discursos que atraviesan el campo ideológico-político" (p. 129). Esto significa que "el lugar de la enunciación adquiere un papel determinante con respecto a la significación efectiva de los discursos" (p. 129); es decir, si quien enuncia es el propio líder, los receptores lo leen de forma *a priori* positiva; mientras que lo contrario sucede cuando quien enuncia es un sujeto opositor al líder. Observamos, en la caracterización del liderazgo que propone el autor, una especial atención al aspecto discursivo como constitutivo del liderazgo y, asimismo, un particular interés en el lugar de enunciación que el líder encarna, lugar que puede resultar tanto de su posición institucional como de la serie de adhesiones que genera.

Hasta aquí hemos dado cuenta de la hipótesis teórica sobre la que se sostiene nuestro escrito. En cuanto a la empírica, afirmamos que CFK construye dos tipos de *ethos*, el *magistral* y el *íntimo*. Si bien ambos *ethos* serán trabajados de modo separados para facilitar la comprensión de sus características, hemos considerado que es en el cruce de ambos en donde emerge algo del orden de la identidad. Es factible, y lo haremos, reconocer momentos en los que uno u otro *ethos* adquieren preeminencia, pero eso no nos lleva a decir que, ante la preponderancia del *ethos magistral*, desaparece el *íntimo* −o viceversa− ni, del mismo modo, que sean contradictorios entre sí. De hecho, resulta interesante dar cuenta cómo conviven ambas imágenes porque suponen distintos modos de construcción de adversarios y partidarios y, en este sentido, vinculan este dispositivo enunciativo en función de coyunturas particulares.

Ahora bien, ¿qué hacemos cuando hacemos análisis del discurso? En primer término, hacer análisis del discurso es suponer una teoría sobre la producción social del sentido, es entender a los discursos como "todo conjunto significante identificado como tal (es decir, considerado como lugar investido de sentido), sean cuales fueren las materias significantes en juego (el lenguaje propiamente dicho, el cuerpo, la imagen, etcétera)" (Verón, 2005: 48). Al analizar discursos describimos *operaciones*: las marcas que hallamos en la superficie textual "pueden interpretarse como las huellas de operaciones discursivas subyacentes que remiten a las condiciones de producción del discurso y cuya economía de conjunto definió el marco de las lecturas posibles, el marco de los efectos de sentido de ese discurso" (p. 51).

Lo que hacemos en este libro es, por tanto, un análisis *en producción* dado que nos centramos en las condiciones de generación de un discurso, a partir del reconocimiento de invariantes enunciativas, que "no son elementos que componen una 'ideología' entre otros, sino elementos que determinan *una manera particular de articular la palabra política al sistema político*"[10] (Sigal y Verón, 2008: 25).

El recorte del corpus que hemos hecho en nuestro trabajo merece también una serie de explicitaciones. En tanto práctica analítica a través de la cual buscamos huellas o marcas que nos reenvíen a un funcionamiento discursivo sistemático, nos abocamos aquí al análisis de los discursos de Cristina Fernández de Kirchner pronunciados durante su primera presidencia, es decir, del 10 de diciembre de 2007 al 10 de diciembre de 2011. Es menester recalcar que, en la serie de discursos seleccionados, de considerable extensión en su mayoría, suelen reiterarse ideas, definiciones, reflexiones y, por ello, hemos seleccionado algunos ejemplos –los más claros, a nuestro criterio– para ilustrar cada una de las operaciones de las que daremos cuenta a lo largo de nuestro análisis. Una última aclaración a título de *cocina de la investigación*. El universo de discursos con el que nos encontramos ascendió a alrededor de 1100 piezas, todas ellas oportunamente descargadas de la página oficial de la Presidencia de la Nación. Esta primera operación en la que se reunió el material textual en función de un objetivo de análisis global, fue sometida luego a una selección, que atendió a objetivos más específicos, deconstruyendo y reconstruyendo los distintos materiales. De aquí extrajimos alrededor de 200 discursos, seleccionados todos ellos a partir de la atención a lo que definimos como la construcción discursiva de la identidad política.

---

[10] Las cursivas son del original.

Segunda Parte.

Identidad política y *ethos* discursivo en CFK

Capítulo II. *Ethos* magistral

1. Introducción

> *Si además quieren cambiar el modelo económico de país lo que deben hacer es organizar un partido político, presentarse a elecciones y ganarlas* (17-06-08).

En este capítulo, primero en el que nos abocamos a la exposición de los resultados del análisis de los discursos de la ex mandataria, daremos cuenta de lo que hemos denominado como *ethos magistral*. En primer lugar (§ 2), describiremos el tipo de escenografía que instituye este tipo de *ethos*, en la que CFK se construye a sí misma como una conferencista que explica, describe, en fin, hace saber; y sitúa a los demás participantes de la escena enunciativa en una posición de pasividad, de escuchas. Siguiendo las dimensiones de análisis planteadas por Aboy Carlés (2001) que hemos ya explicitado, pero reconociendo que esas tres dimensiones –según nuestro criterio– no se ubican en el mismo nivel[11], este apartado se divide en dos grandes bloques –en la terminología del sociólogo argentino, analizamos la *alteridad* y la *perspectiva de la tradición*–. En primer lugar (§3.1), nos centramos en lo relativo a la alteridad, a la contradestinación y reconocemos allí los diferentes tipos de *contradestinatarios* que son construidos en el discurso de la ex mandataria. A partir del concepto de *objeto discursivo* (Grize y Piéraut-Le Bonniec, 1991; Sitri, 1996) analizamos la dimensión polémica del discurso de CFK y damos cuenta de los principales términos que entran en disputa en su enunciación. Paralelamente, en § 3.2 nos abocamos al análisis de la re-

---

[11] Ver página 36.

presentación crítica del discurso ajeno, dimensión de suma importancia en nuestros materiales y que refuerza la frontera entre el *ellos* y la propia comunidad de pertenencia. En segundo lugar (§ 4), analizamos el modo que adquiere la narración de acontecimientos pretéritos que sirven como fundamento para la construcción de la identidad política, en los discursos que forman el corpus de este escrito. Aquí trabajamos respecto a tres ejes: el peronismo (§ 4.1.), la última dictadura cívico-militar (§ 4.2.) y la peculiar lectura que se realiza desde el discurso presidencial acerca del Bicentenario de la Revolución de Mayo (§ 4.3.).

2. La escenografía profesoral como vínculo político

> *Así no se construye sociedad, así no se construye democracia, así no se construye libertad de prensa. Se construye libertad de prensa cuando se trata a todos por igual, independientemente del color de la piel o del apellido. Eso es libertad de prensa y eso es democracia en la República Argentina y en todas partes (27-03-08).*

Antes de proceder a la caracterización del *ethos magistral*, debemos aclarar que haremos referencia a la preponderancia de uno u otro *ethos* sin que, de ninguna manera, sean excluyentes entre sí. Asimismo, se podrán reconocer modos de construcción del enunciador que no correspondan ni a uno ni a otro, pero lo que estamos buscando son invariantes, no en términos de contenido, sino invariantes enunciativas que, como apuntan Sigal y Verón (2008) "determinan *una manera particular de articular la palabra política al sistema político*"[12] (p. 25).

Decimos, entonces, que el tipo de *ethos* del que nos ocuparemos en esta primera parte se construye a partir de una *escenografía profesoral* como modo de vinculación con los otros participantes de la escena enunciativa. El concepto de *escena enunciativa* busca resaltar el hecho de que un discurso puede responder, analizado en sus rasgos característicos, a la clasificación de *discurso político* pero, sin embargo, construir una escenografía que comporte otros rasgos: en nuestro caso, el de una conferencia magistral. Si entendemos que la escenografía no es un decorado, y que el discurso "busca convencer instituyendo la escena de enunciación que lo legitima" (Maingueneau, 2005: s/p), podremos observar cómo el discurso de CFK instituye una escena que replica una situación de conferencia, con lugares de saber marcados y con posiciones de actividad/pasividad también resaltadas.

Por tanto, el *ethos magistral* se caracteriza por la preponderancia de una vinculación jerárquica en la que la disertante (CFK) discurre sobre las diversas

---

.[12] El destacado es de los autores.

temáticas a partir de una configuración de su lugar de enunciación como el de una experta. Del otro polo, los destinatarios revisten el lugar de escuchas, asumiendo cierta pasividad pues su lugar es el del no-saber y, correlativamente, el de dejarse hacer saber. Todo el dispositivo enunciativo propio del *ethos magistral* que describiremos, se configura en este vínculo disertante/ escuchas. Esta construcción escénica es independiente del tipo de discurso en el sentido de que puede ser observada tanto en transmisiones por cadena nacional como en actos político-partidarios; en video conferencias como en las pocas –pero existentes– intervenciones de Fernández de Kirchner en los medios. La fórmula clásica de este *ethos* con su correspondiente *escenografía* sería: Yo –que sé y conozco– les hago saber a ustedes –que desconocen y escuchan–. Este *hacer saber* hace referencia no solo a la definición de la coyuntura pasada, presente y futura ("esto es así y no de otro modo") sino, de modo fundamental, al hecho de develar a aquellos que se definen como *alteridad*; *alteridad* que, como veremos, aparece definida sin ambages y cuyo status no es negociable.

En este capítulo, entonces, centrados en el *ethos magistral*, tomamos como eje dos aspectos que, entendemos, lo caracterizan: en primer lugar, la construcción de ciertos objetos discursivos y los modos de polémica que establece el discurso de la ex mandataria; en segundo lugar, el modo en que se representan ciertos acontecimiento del pasado que colaboran en la conformación de un *nosotros*.

3. No soy yo, sos vos

> *La colonización de las ideas, del pensamiento nos convencieron a los argentinos que no podíamos. Nos hicieron creer que debía importarnos más lo que opinaban desde afuera que lo que creía nuestro pueblo de las dirigencias (...) Solo el grito solitario de unas mujeres con el pañuelo blanco seguían levantado la bandera, pero todos las habían bajado* (25-05-08).

La construcción de una alteridad en el discurso es, sin duda alguna, uno de los elementos más importantes a la hora de definir una identidad política. En base a los aportes del posestructuralismo, sabemos que la identidad solo se entiende a partir de una diferencia, diferencia que resulta definitoria respecto de la propia identidad.

En primer lugar, la alteridad alude a la presencia de ese otro que da cierre, clausura, la propia identidad: cada elemento del sistema solo puede constituirse como una identidad a partir de inscribirse en una trama de relaciones. El exterior que define la propia identidad, de acuerdo a Laclau (2009), no puede ser nunca un exterior neutral, sino el resultado mismo de una operación de exclusión, "de algo que la totalidad expele de sí misma a fin de constituirse" (Laclau, 2009: 94). De aquí la denominación de *exterior constitutivo*, noción que indica que toda identidad se construye a través de las diferencias, permitiendo la definición de un otro que sirve de exterior. Como oportunamente señala Aboy Carlés (2001), de un lado el pensamiento sociológico y, del otro, el político "encontraron en los principios de identidad y diferencia el soporte explicativo para dar cuenta de la constitución de unidades gregarias de la acción a través de un doble proceso simultáneo de diferenciación respecto de un exterior y de afinidad interna" (p. 21).

Dijimos que, al tiempo que nos servimos del concepto de *identidad política* propuesto por Aboy Carlés (2001), creemos que esta noción puede enriquecerse si se la vincula con categorías provenientes del análisis del discurso. Ahora bien, en términos discursivos, ¿a partir de qué categorías podemos reconocer y explicar la manera de construir un *otro* en el discurso político? El enunciador político se sirve de una serie de estrategias enunciativas a partir de las cuales establece una frontera entre el *nosotros* y el *ellos*, y es esto lo que constituye la dimensión polémica de todo discurso político. Dicha dimensión es constitutiva de este tipo de discurso: la actitud polémica detentada por el enunciador puede variar desde la apelación indirecta o encubierta hasta la confrontación directa. Kerbrat-Orecchioni (2016) rescata la etimología del término *polémica*, proveniente del griego *polemikos*, derivado del sustantivo *polemos*, cuyo significado es "guerra". En esta *guerra verbal*, cuyas armas son las palabras, el enunciador apunta a un "objetivo pragmático dominante: descalificar al objeto que toma como blanco, y destruir, e incluso dar muerte, al adversario discursivo" (p. 97). Interesante resulta la propuesta de Amossy (2016) quien sugiere una redefinición de las funciones de la retórica a partir de sus usos. Es decir, la autora propone no plantear la polémica pública en términos de acuerdo, sino como una parte constitutiva de la argumentación que "participa de la gestión de los conflictos en un espacio democrático pluralista en el que el *dissensus* y el *agon* son la regla, más que la excepción" (p. 25). La polémica es, entonces, para Amossy (2016)

> una confrontación de opiniones, donde la confrontación es, a la vez, la acción de hacer presente (dos) discursos, un 'debate que permite a cada uno exponer y defender su punto de vista, frente a los puntos de vista comparados de los otros participantes' (*Trésor de la Langue Française*), y una confrontación en cuyo seno cada uno lucha por asegurar la supremacía de su propia posición (Amossy, 2016: 26).

En esta pugna por la palabra autorizada, la autora reconoce tres procedimientos constitutivos: la *dicotomización*, la *polarización* y el *descrédito hacia el otro*. La importancia de estos procedimientos radica en comprender que, cuando hablamos de discurso polémico, no estamos dando cuenta de un simple debate, en tanto los discursos que son objeto de confrontación se presentan bajo la forma de una *dicotomización*, procedimiento que se traduce en la presentación de dos puntos de vista que no solo son contrarios uno a otro, sino excluyentes. Dicha exclusión no es el resultado de oposiciones absolutas, sino que dependen de contingencias históricas, marcos socioculturales, etc. La dicotomización encierra un proceso de *polarización* que es el que da lugar al establecimiento de aquella frontera entre el *ellos* y el *nosotros*, identificando un enemigo común y, por tanto, reforzando la identidad del grupo que se representa. Mientras que la *dicotomización* refiere a una operación abstracta, la polarización "efectúa agrupamientos en campos adversos: no es puramente de orden conceptual, sino social" (Ammosy, 2016: 28). Por último, la polarización va acompañada de la *desacreditación del otro* mediante estrategias refutativas que suponen, no solo argumentar a favor de la propia tesis, sino argumentar en contra de la tesis del adversario. Además, y lo veremos en el análisis, aquí importa no solo atacar el *logos* sino, fundamentalmente, el *ethos* del adversario: de aquí el componente pasional de la polémica.

Estamos, en este punto, ante la presencia de un *otro* que se presenta como *adversario* o, como nos sugiere Verón (1987), como *contradestinatario*. Esta categoría, harto utilizada en las diferentes investigaciones de nuestra área, nos permite reconocer discursivamente al *otro negativo*: aquel destinatario a quien se encuentran dirigidas las operaciones de tipo polémicas y cuyo vínculo con el enunciador se entiende a partir de una inversión de la creencia, es decir, lo que es verdadero para el enunciador es falso para el *contradestinatario* y viceversa. Acordamos con García Negroni (1988) en que el discurso político es un tipo de discurso *plurifuncional y multidestinado*. Esta multidestinación, cuando de adversarios se trata, puede evidenciarse en el uso de lo que la autora denomina como *destinatarios encubiertos* y *destinatarios indirectos*. Abordaremos ambos a lo largo del análisis.

Nos ocupamos en esta parte, por tanto, del aspecto polémico del discurso, aspecto inherente a toda producción discursiva en el campo del discurso político, producto de esta frontera dicotómica que identifica, define y articula un determinado *dispositivo enunciativo*, bajo la identificación de una alteridad. Como veremos en las páginas subsiguientes, este modo de polémica adquiere la forma de una contradestinación a quienes se dirigen distintas estrategias discursivas que incluyen la descalificación del discurso ajeno mediante distintos modos. Entonces, si tuviésemos que afirmar alguna característica distintiva del discurso de la ex presidenta, al menos en este punto, será que la identificación y polémica con los otros se presenta, se expone, se dice, sin ambages, confrontando de manera manifiesta.

El discurso de CFK, con niveles de intensidad variables, ha identificado un adversario que recorre su producción discursiva: el contradestinatario por excelencia son los *discursos neoliberales* y una de las grandes disputas por el sentido se da, fundamentalmente, en torno a la definición del término *neoliberalismo*[13]. En esta contradestinación aparecen múltiples ramificaciones porque, de acuerdo al discurso presidencial, el neoliberalismo no es *solamente* un modelo económico sino, *fundamentalmente*, una forma de ejercicio del poder, un modo de construcción y de manejo del Estado. El neoliberalismo es asociado, al mismo tiempo, a la dictadura militar instaurada en 1976, al menemismo, a las corporaciones mediáticas y a los sectores económicamente más poderosos del agro. Cada uno de ellos tiene diferentes niveles de responsabilidad social y de compromiso con la ciudadanía; los une, sin embargo, el hecho de ubicarse en las sombras, de investirse de intereses espurios en contra de la Nación y el pueblo argentinos:

> 1- Nos hicieron creer que debía importarnos más lo que opinaban desde afuera que lo que creía nuestro pueblo de las dirigencias; nos hicieron creer que había que aplicar recetas creadas en no sé qué laboratorios económicos y políticos que, finalmente, como no podía ser de otra manera, nos encontraron a todos alumbrando el siglo XXI, en ese 2001 que todos queremos olvidar, casi estallándonos el país en nuestras manos (25 de mayo de 2008)

Resulta interesante pensar cada una de estas caracterizaciones del neoliberalismo –y, claro está, el neoliberalismo mismo– como *objetos discursivos*, en tanto aparecen ligados a ciertas regularidades que se pueden reconocer en el discurso y que participan en la disputa por el sentido. Los *objetos discursivos* no son formaciones estancas, sino que las condiciones de su aparición son históricas y determinadas, también, por la posición que asume el enunciador. Pueden ser definidos como *lo que está en juego* y vinculado a un *haz complejo de relaciones*. Su permanencia

> asentada en múltiples discursos, rituales e íconos, es la que marca su importancia en los textos fundadores a los que remiten. La destacan, además, intradiscursivamente la repetición del lexema o de sus sustitutos, el despliegue de los predicados en series continuas, la insistencia en determinados atributos, los variados modos de su reformulación, el detenimiento en la oposición a otros objetos, la morosidad descriptiva y el resalte de la posición textual que se le asigna (Arnoux, 2009: 70).

Dividiremos las páginas que siguen de la siguiente manera. En primer término, analizaremos las interpretaciones, atributos, caracterizaciones que recibió el término neoliberalismo, en tanto objeto discursivo, para hacer referencia al modelo político-económico que reinó en nuestro país durante

---

[13] Creemos menester realizar la siguiente aclaración: hablaremos de *discursos neoliberales* para hacer referencia al contradestinatario por excelencia que es construido en el discurso de CFK y que incluye, como veremos, un sinnúmero de actores políticos y sociales. El *neoliberalismo* será analizado en este libro, en tanto objeto discursivo, dado que su carácter de no-persona (Benveniste, 1997) no permite definirlo como blanco de estrategias de destinación.

los años '90 y su vinculación con el último golpe de Estado. En esta misma línea, analizaremos los modos en que se construye el adversario ligado a esta definición y qué estrategias de contradestinación se ponen en juego. En segundo lugar, daremos cuenta de cómo se construyó el objeto discursivo *campo*, a partir del conflicto generado por la Resolución N°125 de marzo de 2008 y las formas de polémica que adquirió en tanto *otro negativo*. En tercer lugar, y determinado –aunque no exclusivamente- por este conflicto, discurriremos en torno al lugar que ocuparon los *medios* en la producción discursiva de la ex mandataria, entendiéndolos al mismo tiempo, como *objeto discursivo* y como *contradestinatario*. Como apreciamos, los *discursos neoliberales/el neoliberalismo*, el *campo*, y los *medios* no son solo *objetos del discurso*, tópicos sobre los que se habla sino, simultáneamente, destinatarios a quienes se les habla, a quienes se cuestiona, con quienes se polemiza.

3.1. Modos de definir los objetos discursivos

- El neoliberalismo

Dijimos que el contradestinatario por excelencia en la discursividad de la ex mandataria son los *discursos neoliberales* y los actores asociados a ellos. Recordemos que, en el ya clásico texto de Verón (1987), el autor definió al *discurso político* como un *tipo* de discurso caracterizado por un desdoblamiento en la destinación. Lo que nos interesa en este apartado es aquello que Verón (1987) denominó como *contradestinatario*, haciendo referencia a un tipo de destinatario, negativo, excluido del *colectivo de identificación* y a quien se dirigen estrategias de tipo polémicas.

Ahora bien, ¿qué es el neoliberalismo? En términos teóricos, consideramos al neoliberalismo como un significante que opera como articulador de una serie de demandas, un *meta-colectivo singular*[14] (Verón, 1987). Los atributos y caracterizaciones dados a este objeto discursivo funcionan como elementos que cohesionan el vínculo entre el líder y sus seguidores. Sin embargo, no es un objeto acabado, sino que aparece constantemente reactualizado en función de las coyunturas presentes. Por esto, lo definimos, también, como un *significante vacío*, en los términos de Laclau (1995, 2003, 2009). El concepto laclauciano describe una operación hegemónica que unifica una multiplicidad de demandas heterogéneas, las cuales se solidarizan a partir de un valor negativo: su insatisfacción. Es la negatividad la que permite la

---

[14] Para Verón (1987), los meta-colectivos singulares se denominan de este modo pues son: singulares, en tanto no se pueden cuantificar ni fragmentar; y meta-colectivos, "porque son más abarcadores que los colectivos propiamente políticos que fundan la identidad de los enunciadores" (p. 18).

unión de las demandas y posibilita la representación por parte del líder populista. Si la identidad, para el autor argentino, surge de la relación –siempre inestable– entre diferencia y equivalencia, el modo de estructuración de lo social será, por tanto, retórico: "no hay una significación literal, sino que hay un desplazamiento de la cadena significante por la cual un término asume la representación de algo que constantemente lo excede" (Laclau, 2003: s/p).

¿Qué es el neoliberalismo, en el discurso de Fernández de Kirchner? Una explicación meramente económica del término dejaría por fuera un sinnúmero de atributos que el discurso oficial le atribuye:

> 2- Estamos ante la crisis de un sistema de ideas que hizo de la especulación, de la subordinación, de un mundo donde unos pocos mandan y el resto obedece, de términos de intercambio comercial absolutamente malos para la mayoría de la humanidad, un modelo de decisión, un modelo de ejercicio del poder (01 de marzo de 2009)

El *neoliberalismo* aparece caracterizado como un *sistema de ideas*, un *modelo de decisión* y de *ejercicio del poder*, un conjunto de *políticas privatizadoras* que conllevan consecuencias, no solo económicas, sino culturales y morales. La amplitud dada así al objeto discursivo conforma una de sus características principales.

Si el objeto discursivo *neoliberalismo* comprende –de forma abarcativa– las corporaciones mediáticas, el campo, los grandes grupos de poder, deja muy poco por fuera de aquello que no es considerado como alteridad. Ahora bien, trabajar sobre determinados *objetos discursivos* nos obliga, en nuestro caso, a referirnos, a su vez, a formas de polémica dado que de lo que se trata es de discursos contrapuestos que intentan definir un mismo objeto. Es decir, la forma en la que CFK define al neoliberalismo no puede separase de otros discursos que le otorgan a este término otros atributos, no solo distintos, sino contrapuestos. Hecha esta aclaración, diremos que este apartado no solo se dedicará a trabajar sobre la conformación de determinados *objetos discursivos* sino, además, de los modos en que la polémica se despliega en torno a esta construcción discursiva.

Comenzaremos por nombrar lo que consideramos como una de las más importantes conquistas ideológicas del kirchnerismo: la declamación de un recorte temporal, formulado desde la cúpula del Estado, que abarca desde la última dictadura militar hasta la crisis de 2001 (Montero, 2012a). Esta coincidencia, aceptada desde hace tiempo y ampliamente en los círculos académicos, fue, sin embargo, una novedad en la arena política y constituye, por tanto, uno de los primeros atributos que se le otorga al objeto discursivo *neoliberalismo*:

> El discurso kirchnerista reconstruye las últimas tres décadas como un bloque temporal que va desde el año 1976 hasta el 2001, bloque que aparece definido casi sin matices ni ambages y en el que, reiteramos, se homologan

las prácticas dictatoriales con el modelo económico neoliberal (Montero, 2012a: 82).

Homologar las prácticas dictatoriales con el modelo económico neoliberal implica, por lo tanto, volver hegemónica la consideración sobre la participación cívica en la dictadura, interpretación poco difundida hasta entonces. Esta conquista ideológico-discursiva proviene del mandato anterior y aparece aquí casi naturalizada. El piso simbólico sobre el que transita la presidencia de Cristina Fernández de Kirchner comenzó a ser construido en el 2003 y empieza ahora a gozar de cierta estabilidad:

> 3- Siempre se ha hablado de golpes militares en la República Argentina en nuestra historia, y yo quiero cometer una infidencia (…) Nunca fueron solamente las Fuerzas Armadas, al contrario, siempre fueron el instrumento de civiles que los fueron a buscar para dar golpes militares. Así que creo que es hora de comenzar a llamar a todas las cosas por su nombre y la experiencia de Honduras lo demuestra claramente. Cuando hablemos de golpes militares y de la historia, de nuestra historia como país, no hablemos más de golpes militares, hablemos de golpes cívico-militares, porque no solamente estaremos haciendo un poco más de justicia sino que además estaremos diciendo la exacta y estricta verdad de lo que pasó en toda nuestra historia (09 de julio de 2009)

Encontramos, entonces, por un lado, la denuncia sobre la participación de sectores civiles de la sociedad en el golpe de estado perpetrado en 1976, participación que construyó a las Fuerzas Armadas en "fantásticos chivos emisarios" (17-06-08). Por el otro, la vinculación entre el régimen dictatorial y la implantación de un modelo económico neoliberal. Esto supone una nueva lectura del pasado reciente, cuestión que analizaremos en profundidad más adelante. "Creo que debemos y nos debemos todos los argentinos escribir una historia diferente", sugiere Fernández de Kirchner el 20 de diciembre de 2007, a diez días de la asunción de mando, en el marco de la ceremonia de egreso de los cadetes de las Fuerzas Armadas. Vemos en estos fragmentos, entonces, el corrimiento de las Fuerzas Armadas del lugar del enemigo –"Nunca en la historia reciente de nuestro país los golpes de Estado solamente han tenido protagonistas militares, eso no es cierto, es una reducción" (17-06-08) –, la instauración de una lectura sobre el pasado que no admite segundas interpretaciones, y –lo más importante– el establecimiento del vínculo entre la dictadura cívico-militar[15] y las políticas neoliberales de los años posteriores.

---

[15] El sintagma "dictadura cívico-militar" no se utiliza en el discurso de CFK sino hasta su segunda presidencia (2011-2015); aunque sí se hace referencia al "golpe cívico-militar".

Respecto de esta consideración ideológico-discursiva de la que dimos cuenta párrafos atrás, analizaremos cómo distintos actores toman, en la enunciación presidencial –sobre todo en cuanto a construcción de enemigos se refiere–, el mismo lugar que tenían en el discurso de Néstor Kirchner. En parte, consideramos que esto es así en tanto la construcción del *contradestinatario* se encontró fundamentalmente asociada a la ausencia de fuerzas opositoras capaces de disputar la hegemonía del poder político. Además, dado que el ex presidente decidía no presentarse a la re-elección, a pesar del alto índice de popularidad con el que contaba por entonces, era necesario, a los fines de construir y mantener su liderazgo, que desde la cúpula del Estado se mostrara cierta continuidad discursiva que diera cohesión a la identidad kirchnerista.

Esta es, entonces, una de las primeras características que se le otorga al *objeto discursivo* que estamos analizando. Ahora bien, el neoliberalismo, entendido ahora como un *meta-colectivo singular* (Verón, 1987), con fuerte valor explicativo, muy pocas veces aparece vinculado a nombres propios: "algunos creían que", "hay algunos que quieren volver al pasado", "son los que sueñan con el viejo modelo de los años '90". ¿Qué estrategias se deducen de esto? En primer lugar, el enemigo, no solo no es identificado de manera directa, sino que aparece bajo la forma de un tercero discursivo que coincide con lo que García Negroni (1988) denominó la *destinación encubierta*, lugar simbólico al que se "dirigen actos de habla con fuerza ilocucionaria oculta o derivada generalmente de amenaza o advertencia" (p. 94). ¿Qué efecto genera este recurso? De un lado el uso de la tercera persona, del otro el uso del impersonal, deja al contradestinatario sin derecho a réplica ya que, estrictamente hablando, no aparece en la superficie discursiva. En segundo lugar, esta forma de nombrar al contradestinatario se apoya en el campo de lo *ya dicho*, de la *doxa*, en la cual no hay un sujeto plenamente responsable. La enunciación presidencial construye una descripción de un estado de cosas que se presenta de manera indiscutida. El *neoliberalismo* aquí aparece como *lo viejo*, como el *pasado*, como aquel modelo *recesivo, privatizador*, que apoyó la quita de derechos y la flexibilización laboral.

Parados en este punto, podemos acercarnos al segundo rodeo que la enunciadora realiza para definir el neoliberalismo, replicando las vinculaciones con el último golpe cívico-militar: los argentinos, víctimas del desmesurado interés de estos sectores, fueron sometidos a una *tragedia social*:

> 4- Y yo me crié en un país con graves enfrentamientos entre los argentinos, en el que después de la tragedia vino la otra tragedia, la social, esa en la que recién Domenech nos decía que se importaban 55 millones de dólares en pollos. Alguien dirá "qué importa esa cifra", es que no solamente venían los pollos de afuera sino que los argentinos acá adentro se quedaban sin traba-

jo. Teníamos ese modelo por el que quisieron transformarnos en un país apenas de servicios (01 de febrero de 2008)

La idea de tragedia recorre varios discursos, generando una continuidad entre la tragedia producto del golpe de Estado y la tragedia social, producto de la aplicación de políticas neoliberales. En el ejemplo siguiente, se replica esta comparación, ahora bajo la idea de *desaparecidos (sociales)*:

> 5- Luego pasó lo que pasó, la historia de los argentinos con desaparecidos físicos, tal vez los mejores hijos de la ciudad de La Plata, de familias fundadoras de la ciudad, otros no tan conocidos. Y luego también los desaparecidos sociales cuando comienza a desaparecer el trabajo, y como menciona Mario Seco legiones de vecinos, legiones de argentinos que quedaban sin trabajo (22 de junio de 2009)

Los desaparecidos (sociales) y la tragedia (social) aparecen ubicados, en ambos casos, como una continuidad, como si comportaran casi las mismas características respecto de esos otros desaparecidos, fruto de la tragedia del golpe del '76. Marcábamos anteriormente que la enunciadora construye un bloque temporal que supone una continuidad entre el período dictatorial y el neoliberalismo menemista; aquí la homologación es entre lo que produjeron ambas prácticas: desaparecidos físicos, una; desaparecidos sociales, la otra.

Llegados a este punto, CFK esboza una definición –fuertemente polémica– de los últimos gobiernos:

> 6- Son una serie de gobiernos a los que yo llamo gobiernos tornillos, ustedes dirán que poco académica la palabra, tornillos porque son los que ajustan para abajo pero aflojan para arriba. De esos gobiernos tornillos hemos tenido muchos en las últimas décadas (12 de mayo de 2009)

Los gobiernos a los que refiere la enunciadora son fácilmente repuestos por los destinatarios, sin necesidad –nuevamente– de adjudicarles nombres propios; estamos, otra vez, frente a una *destinación encubierta*. El plural da cuenta de esta amplitud dada al neoliberalismo (ahora metafóricamente llamado *gobiernos tornillo*), que abarca no solo el menemismo. Martínez (2013) aporta un punto interesante: de acuerdo a la autora, el discurso kirchnerista, analizado en su dimensión adversativa, se configura, por un lado, como rechazo al pasado reciente (el de los años '90), como fuerza política que se muestra capaz de modificar las reglas de juego "y de instituir, a partir de la preeminencia del litigio, no solo cambios institucionales son también una nueva concepción de la política" (p. 57).

Las construcciones del *objeto discursivo* neoliberalismo, sus desplazamientos y homologaciones, con los que hemos trabajado hasta aquí comportan, en cierto modo, una continuidad con el mandato de Néstor Kirchner, en tanto en términos de contradestinación, tanto el menemismo como la dictadura cívico-militar ya aparecían en el discurso de NK. La *salida del infierno* que prometía el ex presidente significaba el abandono de las políticas neoliberales que habían caracterizado a Argentina en particular y a América Latina en general, durante toda la década del '90. En este sentido, recordemos que el mandato de CFK inauguraba un período de *cambio en la continuidad* lo que suponía mantener ciertas bases de apoyo y legitimidad que provenían del mandato anterior. En el próximo apartado, nos abocaremos al análisis de los modos de polémica en relación al *campo* y a los *medios*, ambos caracterizados por la ausencia de representación partidaria.

-Armen un partido y ganen las elecciones

Tal como explicamos, los *discursos neoliberales* aparecen como el contradestinatario por excelencia en la discursividad kirchnerista, adversario que aglutina distintos actores políticos y sociales. En lo que sigue nos centraremos en otros dos actores característicos del período: los llamaremos, por el momento y antes de realizar las oportunas consideraciones del caso, el *campo* y *los medios de comunicación*. Así como en párrafos anteriores dijimos que tanto el menemismo como la dictadura cívico-militar ya estaban presentes como contradestinatarios en el discurso de NK, estos actores que analizaremos ahora son nuevos y, diremos, aquellos que identifican al discurso de CFK como tal[16].

Ahora bien, ¿qué tienen en común estos dos destinatarios? La coyuntura política argentina producto de lo que se denominó *el conflicto con el campo* generó la emergencia de un actor colectivo y, rápidamente, comportó consecuencias en los posicionamientos de los medios opositores. El *campo* y los *medios* acapararon la escena pública y se libró una "guerra mediática –en forma inédita– ante el público, en despachos, en el parlamento, en los tribunales y en la calle" (Kitzberger, 2012: 182). En este sentido, conviene leer la respuesta a la pregunta que nos hemos planteado – ¿qué tienen en común el *campo* y los *medios*? –, como eje que atraviesa la alocución de CFK. Esto es: lo que une a ambos destinatarios es la *ausencia de representación partidaria*, cuestión que utilizará la ex presidenta para legitimar su posición de enunciación, con un argumento que pondrá al funcionamiento de las instituciones democráticas en el centro de la escena.

En primer lugar, CFK identifica una serie de *contradestinatarios* a los que les dirige sendos discursos. Una vez identificados es hora de quitarles su lugar como actores políticos y CFK lo hará a partir de este elemento que es común

---

[16] No desconocemos que la *disputa por la mediación* (Vincent, 2011) ya aparecía en el discurso de NK. Sin embargo, vehiculizada por el conflicto generado por la Resolución N°125 y la sanción de la Ley de Servicios de Comunicación Audiovisual, será el gobierno de CFK el que pondrá a los medios en el centro de la escena, política y discursiva.

a ambos: su falta de representación popular. El *argumento institucionalista* es recurrente en la discursividad de la ex presidenta en la que se apela constantemente a su lugar como senadora, diputada y por la legitimidad que le confiere haberse convertido en presidenta de la Nación a través de elecciones libres y democráticas. Este tipo de argumento será útil, entonces, no solo para reivindicar su propio lugar de enunciación sino, del mismo modo, para sacar del eje a estos *otros* que, sin haber sido votados, ocupan un lugar importante en la escena pública. Si el argumento que sirve para que la palabra se vuelva palabra autorizada es la participación en la contienda electoral, el *campo* y los *medios* se vuelven, por este mismo movimiento argumentativo, no dignos de credibilidad:

> 7- Esta es la cuestión del modelo de país, que es en definitiva lo que uno propone cada cuatro años cuando va a elecciones, y entonces los argentinos deciden quién es su presidente o su presidenta. Porque cada uno de nosotros se presenta y dice qué es lo que quiere hacer con el país (27 de marzo de 2008)

> 8- Ese, y no otro, es el compromiso que hemos tomado con el pueblo argentino, compromiso realizado con legitimidad política, y por sobre todas las cosas con honestidad intelectual. ¿Por qué con honestidad intelectual? Porque cuando uno va a elecciones, cuando uno se somete a la compulsa popular en elecciones libres y democráticas, debe explicar cuál es su propuesta de país, cuál es su modelo social, para que ustedes, los argentinos y las argentinas decidan. Y en octubre, del año pasado, Argentina decidió (03 de abril de 2008)

CFK otorga, como apreciamos, una gran importancia a la *decisión* que resulta de la presentación a elecciones, presentación en la que se explicita un *modelo de país* que es lo que el político *propone cada cuatro años*. De aquí se deduce, entonces, que aquellos que no cuentan con representación partidaria, que no someten sus ideas a la compulsa electoral, no cuentan ni con *legitimidad política* ni con *honestidad intelectual*.

El conflicto con el sector agropecuario, como veremos en detalle en el próximo apartado, tuvo lugar entre los meses de marzo y junio de 2008 y, en ese mismo momento, la ex presidenta anunció que promovería una nueva ley de medios. Del análisis de los discursos se desprende que durante el conflicto con las entidades agrarias la disputa fue una disputa por la legitimidad de la Resolución en cuestión y las intervenciones acerca de los medios terminan por ser una disputa por los discursos intermediarios; ambos están cuestionando, de uno u otro modo, cuestiones ligadas a la representación. *¿En nombre de* quién hablan los *medios*?, ¿a quiénes representan los participantes de la protesta agraria?:

9- A los que crean que pueden hacerlo mejor que nosotros, y seguramente habrá quien lo pueda hacer mejor que nosotros, los invitamos a que democráticamente se constituyan como partido político y en las próximas elecciones reclamen el voto del pueblo para ejecutar sus políticas y su modelo (18 de junio de 2008)

Recapitulando: la enunciadora, como defensora de los intereses de la Nación, no es una parte, pues representa "los intereses, no solamente de los que me votaron, que fueron muchos, sino también de los que no me votaron" (27-03-08); función que implica atender a las problemáticas de todos, mirando "desde Jujuy hasta Ushuaia, desde Mendoza hasta el Río de la Plata" (25-03-08). Al reivindicar su lugar como presidenta de la Nación, lo que hará será quitarles la posibilidad de hablar *en nombre de* –del conjunto de los argentinos, del país, del Estado, de la Patria–, modo más que eficaz de desacreditar la palabra de *ellos*.

a) El campo

El 2008 fue el año más convulsionado en la era K, año en que se produce lo que, desde la prensa, se llamó el *conflicto con el campo*, con inesperadas consecuencias en términos de apoyo electoral que se vieron cristalizadas en las elecciones legislativas celebradas en el 2009. Este conflicto tuvo inicio en marzo de 2008, cuando Martín Lousteau, ex Ministro de Economía, dio a conocer una serie de medidas destinadas al sector agropecuario. La Resolución N°125 proponía el incremento de las retenciones para la soja y el girasol (del 35 al 44,1% y 39,1%, respectivamente) y la reducción para el maíz y el trigo. Eran retenciones móviles, lo que implicaba el incremento de las mismas junto con el incremento de los precios internacionales, a partir de la consideración –por parte del Poder Ejecutivo– de que se trataba de un tipo de *renta extraordinaria*. La primera respuesta que tuvo el conflicto fue la conformación de La Mesa de Enlace, organización que reunía a las cuatro entidades agropecuarias que nucleaban a los productores agropecuarios del país: la Sociedad Rural, la Federación Agraria, Confederaciones Rurales Argentinas (CRA) y la Confederación Intercooperativa Agropecuaria (ConInAgro); e, inmediatamente, la emergencia de un nuevo actor colectivo: el *campo*. Bajo este nombre quedaban agrupados "productores de diferente envergadura económica en torno a asociaciones gremiales de variada sensibilidad ideológica" (Cheresky, 2009: 47). El siguiente paso fue el desarrollo de una serie de protestas, un *lock out patronal*, que incluyó tractorazos, cacerolazos, cortes de ruta, y otras formas de protesta, que se sucedieron a lo largo de más de tres meses. Es interesante replicar las razones del conflicto que ofrece CFK, a partir de un discurso en el que se explica, se expone, se argumenta, se ofrecen datos y que refuerza el vínculo jerárquico con el *prodestinatario* al que, ahora, se le hace saber el porqué del conflicto para, luego, *pedir y solicitar* en su nombre:

> 10- El precio internacional no hace falta decirlo, ha subido, de todos los alimentos, de todos los *commodities*, lo cual nos obliga a un doble sistema a utilizar en la República Argentina: retenciones y compensaciones. Retenciones para evitar que el precio internacional nos dispare, nos vuele los precios internos de lo que consumimos los argentinos (31 de marzo de 2008)

La disputa era una disputa por el sentido que implicaba la definición de un modelo de país, en tanto se cuestionaba la legitimidad del Ejecutivo de participar en la redistribución de la renta, algo que el gobierno de CFK no estaba dispuesto a ceder: "desde el Poder Ejecutivo Nacional, en atribuciones legítimas" (09-06-08), "la medida tuvo por objeto dos finalidades esenciales (…) seguridad alimentaria (…) y redistribución del ingreso" (09-06-08). Para CFK, la renta generada por los productores agropecuarios es, como anticipábamos, una *renta extraordinaria* producto del *boom sojero* y, como tal, debe colaborar en la redistribución de la riqueza[17] ya que "las retenciones no son medidas fiscales, son profundas medidas redistributivas del ingreso" (25-03-08), "son simplemente la adecuación de las alícuotas de los derechos de exportación a las variaciones que tienen los precios de las *commodities*" (12-03-09). Esto da lugar a la configuración de una imagen del enunciador a partir de una desigual distribución del saber que, de acuerdo a Martínez (2008), distingue actividades cognoscitivas de pragmáticas: "un enunciador situado en una posición jerárquica hace saber a un destinatario (y también a un adversario) acerca de un escenario y unas circunstancias, definiendo un vínculo fundamentalmente complementario (desde un punto de vista semiótico) respecto a ambas figuras" (p. 9). Oponerse a la reforma impositiva será mostrado como un error que afecta, incluso, a los propios sectores en conflicto y que deja ver, además, el egoísmo de los que protestan, los intereses que esconden. En el primer caso, se trata de mostrar el resultado de la

---

[17] Giarraca, Teubal y Palmisano (2010) reflexionan acerca de la legitimidad del Estado para participar de la renta agraria, argumentando que la misma "es un elemento fundamental de la ́cuestión agraria ́, es aquello que hace particular (un problema) la producción en el campo y se basa en la participación, por ahora insustituible, del recurso tierra. En efecto, la tierra (…) es un bien natural cuya apropiación en el capitalismo es condición de posibilidad para obtener no solo una ganancia sino también una sobreganancia que en la teoría económica se denomina 'renta'. Pero si además esa tierra está ubicada en territorios con fertilidades superiores a la media mundial, no solo existe la condición de posibilidad de una renta por propiedad, sino también por fertilidades diferenciales (Giarracca y Teubal, 2005). La Argentina es ejemplo en el mundo por la generación de renta agraria y todo su desarrollo como nación, se basó sobre un modelo agroexportador que la tuvo como pivote de enriquecimiento de las elites terratenientes muy relacionadas con las clases políticas dirigentes" (pp. 255-256).

decisión negativa sobre la aplicación de la resolución, de las consecuencias de *oponerse por oponerse*. En el segundo:

> 11- Está bien, nadie critica que puedan comprarse una 4x4 o que vivan bien y que tengan lo que tantísimos argentinos querrían tener; lo que no me parece bien es que además quieran hacerlo a costa de que otros argentinos no puedan acceder a las cuestiones más elementales (25 de marzo de 2008)

Varias cuestiones se desprenden de los ejemplos desplegados hasta aquí. En primer lugar, se exponen las razones que impulsaron la creación de la resolución en cuestión. El Poder Ejecutivo toma decisiones que son legítimas –punto nodal del conflicto- para garantizar la seguridad alimenticia al conjunto de los argentinos. ¿Dónde quedan ubicados, entonces, aquellos que se oponen? En el lugar de quienes solo buscan obtener ganancias a costa del pueblo y generar una oposición sin fundamento. La oposición es, por lo tanto, entre "Nosotros, o sea 'esa-Mayoría-de-hombres-y-mujeres-comunes' y Ellos, 'esa-Minoría-de-poderosos'" (Tonelli, 2014: 12).

Adherimos en este punto a la hipótesis de Martínez (2008) quien sostiene que una de las estrategias del discurso de CFK durante esta coyuntura es la apelación a una especie de *moral universal* que hace pasar el conflicto de algo meramente económico a una condición moral:

> 12- Siempre he creído que cuatro son las condiciones que caracterizan la condición humana: la racionalidad, la sinceridad, la sensibilidad y la responsabilidad. Y bajo esta caracterización de lo que creo los cuatro atributos fundamentales en todo ser humano, cualquiera sea el lugar que ocupe: puede ser Presidenta de la República, puede ser un dirigente sectorial, puede ser un dirigente social, de una ONG. Todos, absolutamente todos debemos actuar bajo estas cuatro premisas: racionalidad, sinceridad, sensibilidad y responsabilidad (27 de marzo de 2008)

El fragmento deja inferir que hay algunos (o todos) de estos cuatro atributos de los que el *contradestinatario* carece, atributos que, en palabras de CFK, son los que *caracterizan la condición humana*. "En efecto, mientras que los dos modelos [el que proclaman los representantes del *campo* y el que proclama la ex presidenta] se encuentran en un plano de simetría (aunque de inversión de la creencia); en este discurso ya no hay un eje de pertinencia, el adversario no llega ni siquiera a adquirir condición humana" (Martínez, 2008: 14). Es, por tanto, una *pura exterioridad axiológica*.

Hasta el momento anterior al conflicto sobre la Resolución N°125, CFK se presentaba como aquella capaz de responder a la demanda de *mayor institucionalidad*: se esperaba de la presidenta electa la puesta en acto de medidas que aseguraran un manejo más *prolijo* de los asuntos. Sin embargo, la irrupción del *conflicto con el campo* redefinió las *condiciones de producción* (Verón, 1998a). ¿Qué queremos decir con esto? Que será a partir del conflicto generado por la Resolución N°125 que se conformará lo que hoy podemos definir como un *dispositivo enunciativo* kirchnerista (o, al menos, *cristinista*). Los diferentes lugares de enunciación adquirirán, ahora, su pertenencia definitiva. Si, hasta entonces, la enunciación kirchnerista –como dijimos, condicionada por el carácter excepcional que produjo la crisis de 2001– podía resultar más abarcativa, interpelando a actores de variada pertenencia institucional, la coyuntura que resultó de la Resolución N°125 fijó los actores interpelados, generando –como veremos en apartados siguientes– la lenta desaparición de la figura del *paradestinatario*. Podemos agregar, incluso, que hasta entonces, los enemigos, o provenían del pasado o provenían del extranjero; ahora, hay una especie de enemigo interno que provoca el enfrentamiento con esta minoría privilegiada. Lüders (2014) define este momento de crisis con el sector agropecuario como un momento accidental que deviene necesario, volviéndose un elemento definitorio de la identidad kirchnerista que, ahora, se define retroactivamente como una identidad que es llamada a existir desde el comienzo. Esto es así en tanto el kirchnerismo define en este momento un dispositivo enunciativo en el que este antagonismo en particular aparece en primera plana, lo que permite, a su vez, la constitución de un nuevo colectivo político atado a ese antagonismo. En palabras del autor:

> La identidad kirchnerista, aunque construida con inmediatez, no es una identidad que duda de sí misma. No invita al destinatario a un acuerdo parcial y transitorio, sino que lo interpela como un convencido de eso que, no obstante, se le va explicando en forma progresiva (Lüders, 2014: 80).

La aparición de esta especie de enemigo interno hace presente una cuestión que resulta de cabal interés: la amenaza; amenaza entendida como "una de las piezas esenciales en la lógica que preside la constitución de las identidades colectivas" (de Ipola, 1997: 66). ¿Amenaza sobre qué o quiénes? Sobre todo, amenaza a una intervención militar:

> 13- Tal vez muchos no lo recuerdan, pero un 24 de febrero de 1976 también hubo un *lock out* patronal, las mismas organizaciones que hoy se jactan de poder llevar adelante el desabastecimiento del pueblo llamaron también a un *lock out* patronal allá por febrero del 76 (01 de abril de 2008)

> 14- De ahí que en los tiempos que corren, sean otros los desafíos, porque ya no hay dictaduras militares; las formas adquieren más sutilezas, son más difusas. Es más, muchas veces pueden aparecer hasta camufladas en luchas que parecen democráticas y cívicas y que, en definitiva, también encierran comportamientos antidemocráticos, destituyentes y desconocedores de la voluntad popular (11 de noviembre de 2008)

El análisis de los fragmentos que muestran una vinculación entre el desarrollo del conflicto y el golpe de estado de 1976 permite identificar dos movimientos argumentativos. Por un lado, una equiparación entre ambos:

los actores involucrados en uno y otro acontecimiento *son los mismos* y responden a los mismos intereses. Por otro lado, y desprendiéndose de este primer punto, tienen ahora la capacidad –con formas más sutiles– de desestabilizar nuevamente al sistema democrático. La enunciadora establece distancia: el conflicto en cuestión y los sucesos posteriores son cuestiones que *le tocaron vivir* y que, dado que esto no pasó "en ningún otro momento de la vida democrática de nuestro país" (11-11-08), se vuelve a deslizar la consideración de que estas no son formas democráticas de oposición y protesta. El adversario, entonces, se construye "en torno a un *doble pasado imposible*: el del gobierno militar, en su condición política y axiológica antidemocrática; y el de los 90, por su proyecto económico neoliberal"[18] (Martínez, 2008: 17).

Frente a esta consideración, la ex presidenta recurrirá a una constante interpelación que buscará identificar a los actores involucrados y llamar al diálogo. ¿Qué invariantes adquiere esta interpelación? En primer lugar, como podremos observar en los ejemplos que desplegaremos a continuación, el uso de lo que García Negroni (1988) denominó la *destinación encubierta*. Montero (2009a) reconoce en este tipo de destinación una ambigüedad lingüística que se desprende del uso de la forma pronominal en español que no permite la diferenciación entre segunda y tercera persona, dando lugar a una zona ambigua en la que el locutor se dirige encubiertamente a sus adversarios –en tercera persona del plural– y de modo simultáneo, aunque no explícito, de manera directa –en segunda persona del plural–:

15- Yo les pido, humildemente, como Presidenta de todos los argentinos y en nombre de todos los argentinos, que levanten el paro para entonces sí dialogar, levanten el paro. Humildemente, levanten el paro y vamos a dialogar (27 de marzo de 2008)

16- Yo le pido a todos aquellos que creen que sus derechos han sido vulnerados y que tienen el derecho a manifestarse, que lo hagan al costado de las rutas (…)Pero en nombre de todos los argentinos, de todas las argentinas, en nombre de los productores y horticultores, en nombre de las industrias, de las pymes, de las minipymes familiares, en fin, en nombre de los argentinos, yo les pido, una vez más (..) que por favor dejen transitar a los camiones y, además, que por favor también, se piensen como parte de un país, no como propietarios del país, sino como parte (31 de marzo de 2008)

La utilización de la destinación encubierta permite que el locutor no se haga plenamente responsable de sus dichos, dada la ambigüedad a la que referimos anteriormente –propia del español–. La forma lingüística de la destinación encubierta que aparece en los ejemplos anteriores es "les pido [a

---

[18] El resaltado es del original.

ustedes]" y "le pido [a todos aquellos] que…". Queremos agregar, además, que de lo que se trata en estos ejemplos es de diferentes grados de explicitación de la direccionalidad y que, como se deduce de los fragmentos replicados, el efecto de sentido en estos casos fue suspender, en un tono condescendiente, la algidez del conflicto apelando a que *piensen, recapaciten*, respondan al pedido que *humildemente* les realiza la presidenta de *todos los argentinos*. Por otro lado, CFK *pide en nombre de*. Lo colectivos *en nombre de* los que pide (las industrias, el pueblo, las pymes, etc.) abarcados en un colectivo aún mayor, los argentinos y argentinas, dejan al *otro* en el incómodo lugar de no pertenencia a ninguno de estos colectivos. Si, incluso, CFK pide *en nombre de* los productores, ¿qué lugar les cabe a los destinatarios negativos?

Conforme pasan los meses, comienzan a operar algunas estrategias de diferenciación en lo que al principio aparecía como el gran colectivo *campo* pero, a pesar de ello, consideramos que en términos generales esas diferenciaciones no hicieron mella en la discursividad kirchnerista ni, mucho menos, fueron leídas en esos términos por los participantes del conflicto. Con el fin de poder separar estos diversos actores que, coyunturalmente, se habían reunido en torno a la Mesa de Enlace, del lado del Gobierno se buscó segmentar las escalas de producción, separando a los pequeños y medianos productores, de los grandes. Así es como, una vez lanzada la Resolución, se avanzó en medidas compensatorias a pequeños productores y se creó, asimismo, la Subsecretaría de Desarrollo Agropecuario y Agricultura Familiar. Entre otras tantas estrategias, el Gobierno buscó, entonces, identificar a la Sociedad Rural Argentina (SRA) con la *vieja oligarquía* y responsabilizarla de la mayor captación de ganancias y rentas. Sin embargo, nada de esto tuvo las consecuencias esperadas. Una de las razones que nos permiten explicar este fenómeno es que, al presentarse como los representantes del *campo*, apelaron a un concepto que cuanto más abarcativo y laxo era, más la posibilidad de incluir en su significado posiciones heterogéneas tenía. De hecho, a medida que avanzaba el conflicto, este significante comenzó a integrar cada vez más cantidad de reclamos que iban "desde la suspensión de la Resolución Nº 125 que fija las retenciones móviles hasta un cambio de modelo productivo; desde la revalorización de las instituciones estatales (Congreso, Poder Judicial) hasta la desvalorización de la imagen presidencial" (Giarracca, et.al., 2010: 262). Son escasos los ejemplos en los que CFK propuso diferenciar al colectivo *campo*.

> 17- Ahora quiero hablarles de la sinceridad, este Gobierno no está en contra de los hombres y de las mujeres, pequeños productores que trabajan con sus manos el campo. No, no, les quieren hacer creer a los pequeños productores que queremos ir por ellos. Pero no piden por los pequeños productores, piden por la totalidad de la eliminación de las retenciones, los

de los *pooles* sojeros también, los de los grandes productores también (27 de marzo de 2008)

18- Cuando uno escucha a algunos dirigentes que dicen pertenecer al campo del pueblo y representar a los pequeños productores, digo yo, ¿se puede representar al pueblo y enorgullecerse de desabastecerlo? (01de abril de 2008)

El objeto discursivo *campo* pasa, entonces, por dos etapas. Una primera, en la que los sectores en conflicto aparecen aglutinados, sin distinción; y otra, posterior, en la que se proponen ciertas segmentaciones. Allí, la segmentación se realiza entre los *pequeños y medianos productores* y los *pooles de siembra*. Los primeros son hombres y mujeres que trabajan la tierra; mientras que los segundos, *grandes productores* y *dirigentes*, se ufanan de representar al pueblo al tiempo que lo desabastecen. La segmentación propuesta por la enunciadora busca generar *equidad*.

El corolario del conflicto tuvo lugar en el Congreso de la Nación, el día 17 de julio del 2008, una vez que la ex presidenta decidiera enviar la Resolución N°125 al Senado, para que fuera sometida al voto de los legisladores, con el objetivo de darle "más contenido democrático y más institucionalidad aún" (17-06-08) porque "yo digo que la democracia se defiende con más democracia y que las instituciones se defienden con más instituciones" (17-06-08). La medida contaba ya con media sanción en la Cámara de Diputados y sería ratificada, a pesar de algunas modificaciones. Sin embargo, luego de una acalorada jornada que duró cerca de 18 horas, el Vicepresidente de la Nación, Julio Cobos, se vio en la obligación de desempatar la votación (que contaba, hasta ese momento, con 36 votos a favor y 36 en contra) en su rol de Presidente de la Cámara Alta. El resultado es harto conocido, y la jornada se cierra con la frase célebre del ex vicepresidente: "Mi voto es no positivo".

b) Los generales multimediáticos

Resulta imposible caracterizar la enunciación de la ex presidenta sin hacer referencia al papel que jugaron los medios en la misma. Y, a su vez, no se puede separar este rol del conflicto con el sector agropecuario que venimos describiendo. En este apartado haremos foco en las estrategias enunciativas a partir de las cuales se nombra, interpela, descalifica a este contradestinatario característico del período en estudio: los medios.

Antes de ello, sin embargo, hay algo del vínculo forjado entre el gobierno kirchnerista con el Grupo Clarín que merece la pena señalarse y que ha sido objeto de numerosas reflexiones, tanto desde los círculos académicos como desde la opinión pública. En un trabajo anterior (Fernández, de Diego, Gindin, Lüders, 2011) nos preguntábamos si era posible definir el discurso político *más allá* de las instituciones del Estado, dado que observábamos cómo el discurso de la prensa adquiría, cada vez más, ciertas características que otrora habían sido identificadas para el discurso político. Esta consideración es el resultado de que el propio discurso kirchnerista le otorgara al multimedios un lugar equiparable al de un actor político. En efecto, desde el propio discurso de asunción de mando de CFK, el vínculo Clarín/gobierno se perfila como esencialmente polémico:

> 19- Recuerdo los argumentos de muchos opositores y de los medios de comunicación, que no son lo mismo pero a veces se parecen bastante. Y quiero decirles que aquellas profecías que se desgranaron en radio, en televisión, en río de tinta acerca de que íbamos a manipular la Justicia o perseguir a los jueces probos, resultó desestimada, no por otros discursos, sino por la realidad... (10 de diciembre de 2007)

Como señalan Becerra y López (2009), durante el conflicto con las entidades del agro "los medios de comunicación desplazaron en la práctica el tradicional recurso retórico de la objetividad, por la acción cada vez más interesada en el conflicto" (p. 12). Esto se vio, fundamentalmente, en el uso de la pantalla partida en la que se mostraban, simultáneamente, un discurso de la ex presidenta de un lado, y las imágenes en vivo de la protesta rural, del otro, equiparando a los actores en conflicto. Además, como señalan los autores, la recurrente diferenciación que instaló el vocativo *la gente* para referenciar a los opositores, participantes de la protesta, frente a *los piqueteros* para dar cuenta de los sectores movilizados afines al oficialismo. El cruce entre ambas discursividades –la política y la mediática– no es, claro, una novedad. Ya Verón (1998b) daba cuenta de la imposibilidad de separar ambos campos, arguyendo, de un lado, la imposibilidad del hombre político de aceptar la diferenciación entre los niveles propiamente políticos y los eminentemente comunicacionales y, del otro, la creciente tendencia de los medios de pensar la política según la lógica del marketing. El autor sostiene que en la *mediatización* de lo político es, de hecho, este último el que ha perdido lugar, desplazado por el campo de los medios, orientados a la gestión de los colectivos de corto plazo. En el contexto histórico particular al que nos estamos refiriendo, lo que se observa es pues, un doble movimiento: de mediatización de la política y de politización del discurso mediático. El primer movimiento tiene que ver con esta imposibilidad de diferenciación de la que nos habla Verón; en cuanto al segundo, de Diego (2014a) lo define en dos sentidos:

> [por un lado] uno tradicional, vinculado a la arena política en tanto instancia en la que ciertos productos mediáticos irrumpen como actores políticos, opositores o aliados del Gobierno; por otro lado, como desnaturalización de sentidos, a partir de la problematización y puesta en debate de los procesos de producción discursiva de la política y los periódicos (de Diego, 2014: 28).

Ahora bien, ¿son los medios un actor político?, ¿la interpelación presidencial los transforma, por ello, en ese mismo acto? Sostenemos aquí la hipótesis de que, aunque durante el kirchnerismo existan cruces entre la discursividad política y la mediática, ello no nos lleva a homologar a la prensa como actor político, dado que, a pesar de intervenir activamente en la discusión política y de ser interpelados por, e interpelar al discurso oficial, "su participación discursiva en el espacio público responde a lógicas diferentes a nivel de la discursividad" (de Diego, 2014a: 28).

En abril de 2008, en medio del conflicto con las entidades agropecuarias, la ex presidenta –decidida a ir por la sanción de la Ley de Servicios de Comunicación Audiovisual– nombró a Gabriel Mariotto como interventor del Comité Federal de Radiodifusión (COMFER) quien definió el avance sobre la nueva ley como "la madre de todas las batallas". Solo ese sintagma resume el vínculo entre el kirchnerismo y los medios.

Adherimos a la hipótesis de Fernández, M. (2014) quien sostiene que un problema típico de la mediatización durante el kirchnerismo es "la disputa *por y con* los *discursos intermediarios*, y en particular, con el discurso intermediario más importante desde el punto de vista de la interlocución colectiva: el del periodismo *en los medios*"[19] (p. 34). En este marco, la crisis con el campo hizo estallar las voces que reclamaban la aparición pública de la ex presidenta e, inmediatamente, lo contrario. El cuestionamiento sobre el uso de la cadena nacional[20] cubrió la tapa de los diarios[21] y CFK logró establecer las condiciones de la enunciación política, cuestión que hubiese sido imposible de haberse sometido a una rueda de prensa o a una entrevista, donde el dispositivo mediático es el que prima. Por otro lado, las recurrencias en el uso de la cadena nacional significaron, tal como lo entiende Fernández, J.L. (2017), "el retorno de un modelo de comunicación, el del monopolio aunque más no sea parcial, de los medios en manos del Estado" (s/p). Además, y siguiendo al autor, es factible reconocer dos puntos conflictivos en las cadenas nacionales de la ex mandataria: "la interrupción de otros sistemas de intercambio mediático preexistentes (…) y, en otro nivel diferente, la dificultad de sostener la mirada con la cámara en contextos de emisión no individuales, con presencia de público presente, con el cual interactuaba" (s/p).

---

[19] El destacado es del autor.

[20] Sobre las particularidades del uso de la cadena nacional en el caso de CFK sugerimos la consulta al texto de Cingolani (2009), "Mediatización de la figura presidencial: espacios, estrategias y transiciones".

[21] Los cuestionamientos sobre el uso de la cadena nacional aparecían fundamentalmente vinculados a dos cuestiones: por un lado, la prensa opositora consideraba que era un recurso para ser usado de manera excepcional y que, sin embargo, la ex mandataria lo utilizaba de modo discrecional; por el otro, y vinculado a esto, se esgrimían cifras de lo que aparentemente se gastaba mediante el uso de la cadena, considerándolo un costo innecesario.

Si la disputa es, como decíamos, *por y con* los discursos intermediarios, se entiende por qué, dentro del período de competencia de nuestro trabajo, el Gobierno Nacional sancionó una serie de medidas vinculadas a la economía política del sistema de medios: el envío al Congreso del Proyecto de Ley para suprimir la figura de calumnias e injurias (11-09-09, realizado significativamente durante el acto en conmemoración por los 30 años de la visita de la Comisión Interamericana de Derechos Humanos), la Ley de Servicios de Comunicación Audiovisual (21-10-09), el programa Fútbol Para Todos (20-08-09) y el juicio por Papel Prensa que concluyó en la declaración de interés público de la pasta celulosa (24-08-10).

Dadas las condiciones que estamos explicitando, la enunciación presidencial colocará a los medios como aquellos obstáculos que entorpecen el vínculo directo con la ciudadanía a partir de la creación de una *Argentina virtual* que no comparte características con la *Argentina real* de la que la enunciadora dice formar parte. Pero, además, detrás de todo se escondería una profunda intencionalidad, dado que los medios crearían esa realidad con el fin de ocultar las cosas que *verdaderamente* suceden en el país:

> 20- Pero quiero aclararles que voy a hablar del país real, del país que me toca administrar todos los días, porque he advertido que en los últimos tiempos han surgido como dos países: un país real que ha permitido que por ejemplo se batan records, como no se daba en años en materia de esparcimiento afortunadamente en nuestra población, en nuestras playas, en nuestros centros turísticos, compras, etcétera; y otro país al que yo denomino país virtual o mediático en el cual suceden cosas horribles, en donde nada está bien, en donde todo está mal (01 de marzo de 2010)

Esta es una de las primeras características que se le atribuyen al objeto discursivo en cuestión: la de ocultar y tergiversar la información. Si ese país virtual se enfrenta con el país real, podemos afirmar, por continuidad, que son los medios los que se enfrentan al gobierno, "suprapoderes (...) que tienen la suficiente fuerza para imponer y arrancar decisiones en cualquiera de los tres poderes a partir de la presión" (27-08-09). Además, dado que el derecho a la información es considerado, durante todo el período, como un derecho fundamental de la vida democrática, este *ellos* es vinculado entonces con formas antidemocráticas opuestas a los intereses del pueblo.

La vinculación entre CFK y los medios tuvo la intención de alejar a la prensa del ideal liberal de prensa independiente y de hacer ver los intereses que se escondían por detrás de los títulos, los editoriales y, en general, del manejo del sistema económico de los medios. Durante gran parte de la historia del periodismo, se había pretendido que la prensa ejerciera "el rol de árbitro imparcial, que existe de forma equidistante de los poderes existentes" (Waisbord, 2000, s/p). Fue a partir de la presidencia de Néstor Kirchner que se comenzó a cuestionar este papel de mediador entre la ciudadanía y el líder político y a partir del gobierno de Fernández de Kirchner que se terminó de quebrar el vínculo prensa/poder político y se le dio un marco normativo a esa relación. Si bien se ha considerado que el discurso de CFK radicalizó las diferencias con los medios a partir del conflicto con el campo, hemos visto, páginas atrás, que desde el propio discurso de asunción se pusieron dudas respecto del papel de los medios. Sin embargo, resulta interesante rescatar dos de los cuatro discursos más importantes que pronunció CFK durante la crisis con las entidades agropecuarias (27 de marzo y 1 de abril de 2008[22]) en los que se expresa la vinculación entre los ruralistas y los grupos mediáticos y, aún más importante, la connivencia entre estos últimos y los sectores involucrados en la última dictadura militar:

> 21- Vi también caras de conocidos defensores y defensoras de los genocidas, también, en esa Plaza de Mayo, que después supimos no fue espontánea, la cadena de emails había empezado por la mañana, mucho antes de que la Presidenta hablara. También fue antes el paro por tiempo indeterminado, antes de que la Presidenta hablara también se lanzó un paro por tiempo indeterminado; sin embargo se tituló que la reacción fue por el discurso duro de la Presidenta. (27 de marzo de 2008)

> 22- Esta vez no han venido acompañados de tanques, esta vez han sido acompañados por algunos "generales" multimediáticos que además de apoyar el lock out al pueblo, han hecho *lock out* a la información, cambiando, tergiversando, mostrando una sola cara (01de abril de 2008)

La caracterización de los medios como detentores de prácticas antidemocráticas se termina aquí de conformar bajo el paraguas del apoyo a otra práctica antidemocrática: el *lock out patronal* (reforzado esto, por el campo semántico de la guerra: *generales multimediáticos*). Este *lockout al pueblo* es acompañado por un *lockout a la información*.

Si lo que se está discutiendo es, al fin y al cabo, la democracia, los marcos normativos vinculados al sistema de medios generados durante el gobierno de CFK son, para nuestro argumento, de cabal interés. En los discursos en torno a la Ley de Servicios de Comunicación Audiovisual (LSCA)[23], esta es retratada como una deuda de la democracia y comparada, en el mismo sentido, con otras acciones de gobierno llevadas a cabo por el Gobierno Nacio-

---

[22] Los otros dos fueron pronunciados el 25 y el 27 de marzo, pero no aparece allí una referencia explícita a los medios sino una fuerte interpelación a los participantes de la protesta rural. En todos los casos, los discursos de CFK fueron replicados en la tapa del Diario Clarín del día posterior.

[23] Nos referimos aquí a los tres discursos pronunciados, específicamente, en torno a la Ley: el del 18 de marzo de 2009 en la presentación del anteproyecto, el del 27 de agosto de 2009 al realizarse la presentación del proyecto de Ley y el del 21 de octubre, al anunciarse la implementación de la Ley.

nal desde el 2003: la cancelación de la deuda con el Fondo Monetario Internacional, la derogación de las leyes de Obediencia Debida y Punto Final, y la estatización de las antiguas AFJP. La ley es, entonces, un instrumento de calidad institucional, "no un proyecto de Cristina" (18-03-09). Es uno de los bastiones de la batalla cultural "que había instalado que no era posible resistir la presión mediática de los grandes monopolios para poder llevar adelante esto" (21-10-09), no es "una actitud que tenga que ver con una cuestión coyuntural, que tenga que ver con una cuestión de diferentes actitudes o posiciones (…) por el contrario, van a ver que se trata realmente de un instrumento jurídico" (27-08-09), instrumento puesto en marcha "por los 118 periodistas detenidos desaparecidos durante la dictadura" (27-08-09). Si la Ley es presentada como parte de una política de derechos humanos, podríamos preguntarnos, entonces, ¿dónde quedan situados aquellos que se manifiestan en contra de la misma? Nuevamente, el *contradestinatario* no es un simple opositor que no comparte las ideas de la enunciadora, sino un *otro* con características inadmisibles en una democracia de partidos.

Algo similar sucede con los discursos en torno a las otras tres normativas puestas en práctica por el Gobierno Nacional –el convenio entre la AFA y el Sistema Nacional de Medios Públicos (20-08-09), la supresión del delito de calumnias e injurias (11-09-09) y la declaración del papel prensa como bien público (24-08-10) –. Dado que dichos acontecimientos afectaban, en parte, a las mismas empresas, las consideraciones en torno a la complicidad entre los sectores que impulsaron el golpe del '76 y los grandes grupos mediáticos vuelven a aparecer. La gratuita televisación del fútbol es caracterizada como uno de los bienes fundamentales, sin el cual "la democracia aún todavía está incompleta" (20-08-09) y es en este sentido que la situación anterior a la sanción del programa *Fútbol para todos* es equiparada con el secuestro de los 30000 detenidos desaparecidos:

> 23- ¿Saben por qué? Porque no es posible que solamente el que pueda pagar pueda mirar un partido de fútbol, que además le secuestren los goles hasta el domingo aunque pagues igual, como te secuestran la palabra o te secuestran las imágenes, como antes secuestraron y desaparecieron a 30 mil argentinos (20 de agosto de 2009)

El modo de contradestinación que estamos analizando vuelve a basarse en la recurrente utilización de la tercera persona, en una clara demarcación del *ellos* que queda, bajo este movimiento, en las antípodas del *nosotros*. Lo que antes era el secuestro y la desaparición de miles de argentinos es, hoy, el secuestro de los *goles, la palabra* y *las imágenes*. Se vislumbra aquí, como venimos mencionando, la recurrente comparación que realiza la enunciadora entre las políticas desplegadas durante la última dictadura cívico-militar y los intereses y prácticas actuales de ciertos actores –en este caso, los medios–. La democracia y el valor otorgado a ella permea la producción discursiva de CFK.

En segundo lugar, tenemos el discurso ofrecido por motivo del envío al Parlamento del Proyecto de Ley que suprime los delitos de calumnias e injurias. De modo sintomático, el anuncio se realizó en el Acto en Conmemoración de los 30 años de la visita de la Comisión Interamericana de Derechos Humanos a la Argentina y, junto con el proyecto de Ley mencionado, se envió otro: un proyecto en torno al derecho a la identidad en el marco de ciertas modificaciones en materia de bancos genéticos de datos. Ambos proyectos de ley, anunciados en el mismo acto, son presentados como conquistas democráticas. En relación a la eliminación de los delitos de calumnias e injurias, esta conquista se propone como la antesala de la sanción de la LSCA, dando lugar a una etapa institucional figurada como sin precedentes.

El discurso ofrecido en ocasión de la presentación del informe sobre Papel Prensa detenta algunas características típicas del tipo de *ethos* que estamos analizando pero que, sin embargo, no habían aparecido en los discursos anteriores sobre la LSCA, el programa *Fútbol para todos* y la supresión del delito de calumnias e injurias: la utilización de porcentajes y fechas. El discurso presidencial, para dar cuenta de la distribución sobre el control de Papel Prensa S.A, opta por intervenciones en las que priman datos o estadísticas que actúan como estrategias de veridicción. Los números dan siempre la apariencia de fidelidad y de neutralidad respecto de lo dicho y, además, generan la sensación de que solo pueden ser cuestionados con estrategias similares. Mofándose sobre lo verídico de su intervención, CFK dirá "aquí anoté, vieron que yo hablo sin papeles, pero hoy decidí anotar cosas porque realmente hay datos escalofriantes, cuando uno lee esto siente que está, más que leyendo la historia, leyendo un thriller, un thriller argentino" (24-08-10), "esto es documento, reitero, no es opinión, no es adjetivación, es documental" (24-08-10).

Podríamos decir que la característica que atraviesa la definición acerca de qué son los medios en la discursividad de la ex mandataria, vuelve a instalar el tema de la democracia, el cuidado de las instituciones y los derechos considerados como fundamentales, entre los cuales se encuentra el derecho a la información. Al igual que lo que observamos en el caso del *campo*, atribuirle al otro el mote de antidemocrático y vincularlo con prácticas también antidemocráticas, lo pone –inmediatamente– en una pura exterioridad axiológica:

24- Tal vez ya no se repitan esos fusilamientos, o tal vez haya surgido otro tipo de fusilamientos, tal vez mediáticos, ¿no? (14 de agosto de 2009)

3.2. Representación crítica del discurso ajeno

Los modos de polémica con los que hemos estado trabajando hasta aquí suponían la presencia de dos discursos que, confrontados, intentaban definir un determinado objeto discursivo. Como decíamos al inicio del capítulo, uno de los procedimientos de construcción de un objeto de discurso supone exponer otras acepciones dadas al mismo objeto; gesto que implica, por tanto, dialogar con otros discursos.

Atendiendo a la polifonía enunciativa, los modos que adquiere la introducción de la palabra ajena en el propio discurso revisten diferentes formas que comportan distintos grados de distanciamiento respecto de esta palabra ajena. La polémica, entonces, resulta constitutiva del discurso político en general, y de nuestro objeto de estudio en particular. De hecho, tal como lo venimos mostrando, el discurso kirchnerista es, por definición, polémico y manifiesta este carácter polémico a través de la mostración de "voces y puntos de vista atribuidos a sus contradestinatarios con los que dialoga más o menos expresamente: denominamos a ese fenómeno 'polémica mostrada'" (Montero, 2012a: 227). Analizaremos, en este siguiente apartado, distintas estrategias de distanciamiento con respecto a la palabra ajena que comporta el discurso de CFK; dejaremos, para el próximo, el diálogo establecido *con* los medios.

- La palabra de los otros

Tomar la palabra de otro, modificarla, burlarse de ella, investirla de un nuevo sentido, deformarla, presentarla acompañada de un enunciado propio, mostrar su incoherencia, desacreditarla. Son estas algunas de las formas mediante las cuales la ex presidenta hace aparecer los discursos circulantes en el propio. Las variadas formas de polifonía que puede revestir un discurso buscan, en los casos que analizaremos en este apartado, distanciarse de la palabra de aquella *alteridad* con la que trabajamos páginas atrás. Una de las estrategias a través de las cuales este distanciamiento se efectúa, es la de la refutación/resemantización (Montero, 2009b), estrategia a la que el discurso de CFK recurre en múltiples ocasiones. Hacemos referencia aquí a una forma de desacreditación de la palabra del otro, un otro al que se le atribuyen una serie de discursos con los que el enunciador marca una distancia dando pie a "una resemantización, a un cambio de perspectiva enunciativa y a una alteración del marco semántico del otro" (s/p). Como hemos visto en los ejemplos reproducidos hasta aquí, el discurso de CFK está continuamente *discutiendo, polemizando, dialogando*: la refutación/resemantización es una de las maneras en las que el discurso ajeno habita en el de Cristina Fernández de Kirchner. Con el espíritu de cerrar la discusión, el recurrente uso de la refutación/resemantización es inherente al tipo de *ethos* que estamos caracterizando y se torna fundamental en tanto genera una discusión sobre cómo definir determinadas nociones, participando de la lucha por el sentido. Ahora bien, lo destacable aquí es que el locutor no solo rechaza el enunciado del otro, la *forma tópica*, sino su marco discursivo, el *topos*, cuestión que diferencia esta estrategia de la *oposición*: "La refutación implica por lo tanto siempre la anulación del marco semántico de otro locutor y la resemantización o resignificación de sus palabras, a las que busca atribuir un nuevo sentido (generalmente *contrastivo o diferencial*)" (s/p). Reproduciremos a continuación dos ejemplos que muestran este grado máximo de desacreditación de la palabra ajena:

> 25- Quiero decirles que no es una política antisoja, es una política esencialmente pro-Argentina, pro-pueblo, pro-campo también, pro-pueblo (27 de marzo de 2008)

> 26- La energía no es solamente un número económico, es también un número social (01 de marzo de 2011)

Estos enunciados, eminentemente refutativos, se comprenden a la luz de lo que García Negroni (2009) –retomando y revisando la Teoría de la Argumentación en la Lengua– definió como *negación metalingüística y negación metadiscursiva*. Siguiendo a Ducrot, la autora entiende que la *negación metalingüística* se caracteriza

> por descalificar el marco o espacio de discurso impuesto por una palabra anterior del interlocutor o del propio locutor, y por declarar entonces situarse siempre, en un espacio discursivo distinto del rechazado o descalificado (García Negroni, 2009: 62)

Ahora bien, en tanto negación metadiscursiva, su función no será solo la de refutar estos conjuntos de palabras, sino que "puede descalificar el discurso ajeno cancelando el marco de discurso evocado por él" (p. 67) y tiene como función, además, "la de permitir la instauración de un nuevo marco o espacio de discurso presentado por el locutor como el único adecuado para la caracterización argumentativa de la situación de la que habla" (p. 79). Tal es la función de los ejemplos con los que estamos trabajando aquí, espacios discursivos que son descalificados en tanto aparecen respondiendo a un marco ideológico que, para el enunciador, resulta inaceptable.

En todos los casos observamos la disputa por la definición de algunos términos clave que sitúan ambas posiciones en las antípodas: no solo se refuta sino que se acompaña esta estrategia con una nueva definición, *esto no es aquello, pero es esto otro*, que cierra el círculo de la desacreditación. Algunas de las estrategias más interesantes a las que recurre el discurso de la ex mandataria coinciden con lo que Reyes (1994) denominó como *ecos irónicos*, modos en los que el distanciamiento respecto del otro discurso es más expuesto. Estas citas, junto con el estilo indirecto encubierto, las citas con función probatoria y las conexiones que se realizan a través de ciertas formas lingüísticas, no se anuncian como tales y solo pueden ser comprendidas en el marco de un discurso y no como frases aisladas. En los casos de *ecos irónicos*, "el hablante se hace eco del contenido de otro enunciado deformándolo, exagerándolo o modificándolo burlonamente, con la intención de mostrar una actitud negativa ante ese enunciado o hacia su autor" (p. 50). Es menester recalcar que este recurso, al tiempo que aleja el propio discurso de aquel del adversario, genera una actitud cómplice en relación a los *prodestinatarios*. Podemos observar ejemplos de *ecos irónicos* en los siguientes fragmentos:

> 27- …hay un movimiento nuevo en la Argentina, yo digo el movimiento "me opongo a todo"; no se sabe de qué se trata pero me opongo igual por las dudas (04 de marzo de 2009)

> 28- Hasta hace poco si uno era piloto de un vuelo, o de una línea no podía volar en la otra, algo así como: "no te dejo volar en mi avioncito porque sos del otro avioncito". Díganme, eso no es de jóvenes, eso casi le diría que es de niños, de infantes, como cuando nos peleábamos y el gordito se llevaba la pelota a la casa para que no jugara el resto… ni siquiera de jóvenes (24 de noviembre de 2011)

Observamos el absurdo que muestra la enunciadora respecto de una proposición – adjudicada a otro–. No hay aquí una reproducción literal de otro discurso, sino una apropiación, irónica, de discursos circulantes con los que la enunciadora no solo toma distancia, sino que los representa burlonamente. Tal como afirma Reyes (1994), "en la ironía, es mucho más lo no dicho que lo dicho" (p. 54).

Una forma recurrente de que el discurso ajeno habite en el propio es a través del discurso indirecto en el que el enunciador reproduce las palabras del otro, con aparente libertad, adaptándola a su situación de comunicación. En estos casos, la literalidad del discurso reproducido es *aparente,* pues solo aparece una voz reproducida, la del propio locutor quien ofrece una imagen del discurso ajeno. El distanciamiento entre uno y otro discurso puede producirse haciendo foco en lo que se dice o, también, poniendo el eje en quién lo dice (argumento sobre la persona o *ad-hominem*). Los ejemplos son abundantes, reproduciremos solo algunos para ilustrar uno y otro caso:

> 29- Cuando uno escucha a algunos dirigentes que dicen pertenecer al campo del pueblo y representar a los pequeños productores, digo yo, ¿se puede representar al pueblo y enorgullecerse de desabastecerlo? (01 de abril de 2008)

> 30- Hemos sufrido sí, debo reconocerlo, durante estos 5 largos años, casi 6, la denostación casi permanente, metódica y crónica de los gurúes de las

distintas "citis"; que nos auguraban siempre que era un veranito y un modelo inviable e insustentable (20 de enero de 2009)

Las imágenes que ofrece CFK sobre los discursos ajenos se observan en la
supuesta pertenencia al campo popular (29) y en el carácter inviable y no
sustentable del modelo kirchnerista (30). Toda palabra ajena es aquí considerada opuesta a lo que sostiene la enunciadora. En (29) el acento está
puesto en el enunciado de otro, alejándose de este otro calificándolos como
algunos dirigentes (29) que dicen algo que, en realidad, no es cierto. En (30)
el foco aparece ligado a la persona, a estos *gurúes de las distintas citis*, cuya
palabra deja de ser creíble porque se encuentran o con causas penales o
ligados a un modelo inviable.

- El diálogo con los medios

Una parte importante de la contradestinación vinculada a las corporaciones mediáticas, se realiza a través del discurso referido, recurso utilizado
en nuestros materiales de análisis para desacreditar la palabra del adversario. El caso del diálogo que CFK establece con los medios, es paradigmático
y, por ello, discurriremos sobre este tema en este apartado.

Ya hemos analizado el lugar que adquieren los medios en la discursividad de la ex mandataria y vimos, también, cómo son expulsados del lugar
de actores políticos, bajo el argumento de que no son apoyados por la voluntad popular que se expresa en los comicios. Sin embargo, muchos de los
discursos que conforman nuestro corpus son grandes alocuciones encarga-
das de descalificar la palabra de los medios. En la alteración de la imagen de
un mensaje monologal –tal lo que analizaremos aquí–, nos encontramos con
lo que Authier-Revuz (1984) denomina como *heterogeneidad mostrada,* noción
que da cuenta de la imposibilidad de sanar esa herida narcisista en la que el
sujeto se comporta como fuente y amo de su decir. Retomando los trabajos de
Bajtín, de Freud y la lectura que de éste último realizó Lacan, la autora da
cuenta de los procedimientos de la *heterogeneidad mostrada* "como formas
lingüísticas que presentan modos diversos de negociación del sujeto hablante con la heterogeneidad constitutiva de su discurso" (s/p). La introducción
de la palabra del otro, de acuerdo a la autora, puede hacerse mediante una
ruptura sintáctica o sin ella. En el primer caso, del que daremos cuenta en
los ejemplos que siguen, se trata de aquellos fragmentos que son marcados
con comillas, cursivas, en los cuales "el fragmento citado en el cuadro de un
fragmento referido directo o introducido por un término metalingüístico
(...) es extraído del hilo enunciativo normal y reenviado a otra parte: la de
otro acto de enunciación" (s/p):

31- Yo quiero - y voy a leer, ustedes saben que yo no leo- pero quiero ser
precisa y no atribuir frases, ni idea, ni análisis, ni sentencias que no corres-

pondan. Leo algunas de las calificaciones: "que se trató de una misión imposible", dice un analista y no voy a decir el nombre, son los dos periódicos más importantes: son Clarín y La Nación. Esto apareció publicado en Clarín, de uno de sus editorialistas estrellas; "Chávez mostró improvisación, a la hora de encarar el complicado desafío" (del mismo diario)... (10 de enero de 2008)

32- Quiero leerles, si ustedes me permiten, algunas editoriales que se publicaron allá por los años '91, '92 y '93, no voy a decir el nombre del periódico porque en definitiva no importa (...)"Remodelar el Puerto es una necesidad admisible siempre y cuando la obra se funde en previsiones lógicas y posibles. No parece acertado en cambio que a título de esa remodelación se pretenda erigir otra gran urbe en torno al río. Terminaría -esta es la razón por la cual sería malo- por convertirse para la mayoría de los habitantes de la Ciudad y de los turistas del país y del extranjero en una referencia cada vez más distante de sus ojos y prácticamente inaccesible" (...) Avanzamos más, enero del '91. "Puerto Madero, un proyecto irrealizable" Irrealizable, adjetivación, ya no estamos ni siquiera ante el relato (08 de febrero de 2008)

La utilización del discurso directo (en nuestros materiales, dado que estamos trabajando con transcripciones, aparece a través del uso de las comillas), como vemos, tiene la particularidad de simular cierta neutralidad u objetividad frente a la palabra del otro: el discurso del adversario es referido sin modificaciones, lo cual genera un efecto de fidelidad respecto de lo dicho. Sin embargo, la sola incorporación de la palabra ajena en el propio discurso genera un efecto de sentido. Tal como afirma Bajtin (1986), "las palabras ajenas introducidas en nuestro discurso ineludiblemente se revisten de una nueva comprensión que es la nuestra y de una nueva valoración, es decir, se vuelven bivocales" (p. 176). Dos tipos de trabajo sobre la palabra ajena se aprecian en estos fragmentos: por un lado, como dijimos, el uso de la cita directa; por el otro, la introducción del *comentario*, que funciona como hilo interpretativo – "esta es la razón por la cual sería malo" – y que ubica claramente la posición del enunciador respecto al texto reproducido. Por tanto, si bien se utiliza el discurso directo, éste es combinado con la introducción de palabras de la propia enunciadora que delinean cómo leer ese texto citado.

Resulta interesante pensar estos tipos de alocuciones como escenas enunciativas (Maingueneau, 2005), a partir de considerar que "un texto es en efecto la huella de un discurso en el que la palabra es *puesta en escena*"[24]. Hemos explicitado ya que la escena enunciativa se compone de tres elementos: la escena englobante (el tipo de discurso), el marco genérico y, lo que

---

[24] La cursiva es del original

más nos interesa aquí, la escenografía. La escena dispuesta aquí, de conferencia magistral, es la representación más clara del *ethos magistral* que analizamos en nuestro trabajo. En ella, la disertante marca distancia con los diferentes discursos circulantes en los medios. El discurso referido directo, visto en los ejemplos anteriores, es una de las formas en la que los hace; analizaremos otras aún más interesantes y complejas a continuación.

Como venimos explicando, CFK le dedica gran parte de sus intervenciones a cuestionar lo que publican los diarios, generándose una especie de simulacro de diálogo, en el que confluyen las tapas de los diarios, los editoriales y las principales columnas de opinión y los discursos de la ex mandataria. Podríamos reconocer, en este sentido, dos modos en los que se establece este diálogo: a) se despliegan discursos en los que se hace referencia directa y explícita sobre una tapa o una nota; b) otros en los que se lo menciona sin especificidades o se sugiere de qué diario se está hablando, sin nombrarlo explícitamente. Veremos a continuación ejemplos de cada una de estos modos de dialogar con los medios:

33- Y realmente cuando uno recorre las noticias, yo ayer estaba leyendo El Cronista, otro diario importante en materia económica, hablaba ahora de que "se desploma el precio del tomate y el Gobierno no hace nada" (esto es textual) (23 de enero de 2008)

34- Quiero empezar con una editorial que publicó el diario Clarín, que apareció el pasado domingo en un inusual despliegue (…) En esta oportunidad sostiene esa editorial que ustedes pueden ver "El gobierno avanza en Papel Prensa para controlar la palabra impresa" (24 de agosto de 2010)

En segundo lugar, marcábamos que el diálogo con los medios, las más de las veces, se realiza sin atribuir nombres, ni hacer referencia explícita acerca de qué diario o de qué periodista se está hablando. En estos casos, la palabra se reproduce mediante el discurso indirecto. Marcaremos en cursiva aquellos pasajes que corresponden a una palabra atribuida a un *otro*; en este caso, el discurso de los medios:

35- *Yo leía hoy en un importantísimo diario* algo vinculado al conflicto con las entidades gremiales del campo y sus demandas, *que no habíamos cumplido las medidas que habíamos anunciado para los pequeños productores y que no estaban instrumentadas las normas* (…)*Se dice que no hemos cumplido con el convenio de la carne por ejemplo,* y en realidad el convenio que se firmó, que estamos dispuestos a cumplir para abrir las exportaciones, es que se retrotraigan los precios para que todos los argentinos puedan acceder a los bienes que se producen en la Argentina (24 de abril de 2008)

36- Y esto viene porque en estas últimas horas *ha habido ciertos comentarios,* en cierta prensa y en ciertos dirigentes de la oposición, *acerca de afirmaciones del ex presidente, ustedes ya lo conocen, saben quién es, Néstor Kirchner, acerca de la necesidad de contar con mayorías en el Parlamento argentino para poder gestionar, para poder gobernar* (29 de abril de 2009)

En los dos casos, estamos frente a reproducciones del discurso ajeno bajo el estilo indirecto, reproducciones que muestran una aparente literalidad y que son acompañadas de una réplica que distancia el propio discurso del de los medios. En (35), bajo la locución adverbial *en realidad*, que establece las condiciones para el funcionamiento del acuerdo; en (36), discutiendo el significado –negativo, para la prensa; positivo, para la enunciadora– que se le atribuye al hecho de contar con mayoría en el Parlamento. En todos los casos, reproducir la palabra del otro implica manipularla, modificarla, en fin, tener poder sobre ella. Como dijimos, en los dos ejemplos reproducidos, no se nombra de manera explícita a qué medio o periodista se le atribuye el texto reproducido, estableciendo una actitud cómplice con sus partidarios, dado que, se espera de ellos que puedan reponer quiénes son los responsables de esas alocuciones. "Un importantísimo diario" (35), "ciertos comentarios en cierta prensa y en ciertos dirigentes de la oposición" (36), todas estas marcas nos reenvían a un discurso otro que el enunciador trae para marcar su actitud crítica.

La representación crítica del discurso de los medios no atañe solamente a lo que venimos describiendo hasta aquí. La anticipación de una réplica, se realiza, muchas veces, de manera explícita. Dado que, como explicamos en el apartado en relación a la enunciación *sobre* los medios, los mismos aparecen escondiendo intereses espurios y creando un *país virtual o mediático*, opuesto al *país real*, la enunciadora suele anticipar aquello que, según su juicio, será objeto de titulares o notas:

37- Por eso, me siento muy orgullosa de estar aquí junto a todos ustedes, frente a este monumento a la Bandera, y la verdad, sé que algunos por ahí mañana dirán qué soberbia, algún titular de algún diario, ya lo estoy leyendo, pero la verdad que siento que tengo derecho de estar aquí frente al monumento a Belgrano, porque hemos hecho cosas para honrar esa memoria y esa historia (21 de junio de 2011)

Se evidencia una representación burlona del accionar de los medios, poniendo sobre el tapete su manifiesto interés por tergiversar la información.

Hemos visto hasta aquí, formas de reproducción del discurso del otro realizadas mediante el discurso directo, utilizando las comillas para revestir cierta neutralidad respecto del texto reproducido; y de discurso indirecto, ofreciendo una imagen del discurso de los medios que resulta antitética respecto de las palabras y creencias de la enunciadora. Ahora, si bien no es tan usual en la discursividad de CFK respecto de los medios, encontramos también algunos ejemplos en donde la distancia entre uno y otro discurso no es tan clara. Hablamos en este caso de un tipo de estilo indirecto que Reyes (1994) denominó como *estilo encubierto, enmascarado o cuasi indirecto*:

Estos nombres intentan reflejar el hecho de que se trata de citas que no parecen citas, es decir, se trata de enunciados en que el hablante parece hacer aserciones, pero no las hace, o no las hace del todo, sino que expresa el punto de vista de otra persona (Reyes, 1994: 17).

La *confusión* respecto de a quién atribuirle la aserción, puede ser repuesta mediante información contextual. Analizaremos algunos ejemplos a continuación, resaltando mediante la cursiva las afirmaciones que no son responsabilidad de la locutora, sino que son atribuidas a otro locutor:

38- Es cierto, se ha generado mucho trabajo, se ha generado inversión, ha habido crecimiento de la economía, ha habido una disminución importante de la pobreza que recibimos de un país con un 60 por ciento y que no vamos a discutir *si es 20, si es 15 o si es 30*, porque esto de ponerse discutir sobre conteo de pobres me parece casi una falta de respeto hacia los sectores más vulnerables (14 de agosto de 2009)

39- En el fondo ahí radica una de las claves: en convencernos que solamente los superhombres o las súper mujeres que existen en otros lados –*nunca existen por supuesto en nuestro país*- pueden hacer las cosas (18 de noviembre de 2011)

A pesar de la consideración de que son *citas que no parecen citas* y en las cuales se produce un solapamiento entre ambas voces, el enunciador marcará distancia de estas otras voces mediante glosas, marcadores o comentarios que permiten distinguir una de otra. Es decir, la distancia entre ambos "se mantiene de uno u otro modo, especialmente cuando el hablante necesita proteger su responsabilidad, o respaldar lo que dice, y también cuando (…) el hablante quiere disociarse de la proposición que repite" (Reyes, 1994: 22).

Recapitulando, analizamos en este apartado las distintas formas de incorporar voces provenientes de los medios en el discurso de CFK. Polifónico y polémico, la discursividad de la ex presidenta apela a estos discursos para marcar una distancia, para situarse críticamente. Cada fragmento incorporado, cualquiera sea el mecanismo mediante el cual se realice, va acompañado de una réplica que sitúa ambas voces en extremos opuestos. Si, como hemos observado en los apartados anteriores, un problema típico de la mediatización durante el kirchnerismo es *por y con los discursos intermediarios*, se explica por qué el discurso de los medios adquiere centralidad en nuestros materiales objeto de análisis.

4. 200 años de fracasos y frustraciones

> *Quiero convocar, argentinos y argentinas, desde esta histórica Plaza, a todos los argentinos y a todas las argentinas, a todos los sectores económicos y sociales, sindicatos, empresas, para que este 25 de Mayo, a dos años de cumplir el Bicentenario de la Patria, podamos poner una bisagra histórica y dejar atrás definitivamente doscientos años de fracasos, frustraciones y desencuentros (01-04-08)*

Hasta aquí hemos deslindado lo relativo a la *alteridad*. Ahora nos ocuparemos de la segunda dimensión de análisis de las identidades políticas, la *perspectiva de la tradición*. Consideramos ésta particularmente importante ya que es la dimensión que nos permite comprender el devenir de toda identidad política, su componente diacrónico en tanto la identidad política "se constituye en referencia a un sistema temporal en el que la interpretación del pasado y la construcción del futuro deseado se conjugan para dotar de sentido a la acción presente" (Aboy Carlés, 2001: 68). Claro está que ese pasado que se reconstruye no tiene que ver con un pasado empíricamente dado, sino con una construcción discursiva; es decir, los hechos no hablan por sí mismos, sino que son resignificados por las exigencias del presente. Está en juego aquí, como en las demás dimensiones, la cohesión de una comunidad de pertenencia, que encuentra su anclaje en una tradición con la que se identifica:

> El contar una (la propia) historia no será entonces simplemente un intento de atrapar la referencialidad de algo "sucedido", acuñado como huella en la memoria, sino que es constitutivo de la dinámica misma de la identidad: es siempre a partir de un "ahora" que cobra sentido un pasado, correlación siempre diferente –y diferida– sujeta a los avatares de la enunciación (Arfuch, 2005: 27).

La memoria, en tanto construcción colectiva (siempre política, siempre en disputa) da lugar a una serie de representaciones o imaginarios en base a los cuales el líder político construirá un relato que no será otra cosa que un recorte, una interpretación, realizada desde el presente, que busca insertarse en una determinada *matriz discursiva* (Arnoux, 2008). El concepto de *matriz discursiva* "remite tanto a un espacio de regularidades generador de discursividad como a un molde que permite dar forma discursiva a datos diversos e, incluso, funcionar como grilla interpretativa de lo social" (p. 42).Vale la pena aclarar que, amén de los recortes e interpretaciones que el líder político pueda realizar, hay siempre un límite, determinado por el tiempo histórico, que establece ciertas fronteras sobre lo decible o lo opinable. A su vez, no todos los grupos sociales tienen la misma *fuerza* para imponer una determinada lectura del pasado, lo que termina por dar lugar a *memorias dominantes* y *memorias dominadas*, en constante lucha por lograr instalar la suya como la *memoria hegemónica*. El análisis del discurso tiene en esto un papel fundamental, dado que el discurso político en general, y el discurso de CFK en particular, estructura su enunciación estableciendo grandes narraciones sobre los hechos pasados, evocándolos, reinterpretándolos, que buscan consolidarse como narraciones hegemónicas, estableciendo una *historia oficial* frente a otras *historias posibles*.

Hablamos, en este sentido, de memorias, en tanto memorias representadas, productos de narraciones que –en nuestro caso de estudio– se vuelven una interpretación hegemónica de una serie de acontecimientos: se torna necesario tener cierta certeza sobre el camino recorrido, para saber cómo se ha llegado a la situación actual. Dichas interpretaciones, y esto es lo que nos interesa, colaboran en la conformación de un *nosotros* que le da sentido a una determinada identidad, generando sentimientos de pertenencia al interior de una comunidad:

> Esta relación de mutua constitución implica un vaivén: para fijar ciertos parámetros de identidad (nacional, de género, política o de otro tipo) el sujeto selecciona ciertos hitos, ciertas memorias que lo ponen en relación con "otros". Estos parámetros, que implican al mismo tiempo resaltar algunos rasgos, de identificación grupal con algunos y de diferenciación con "otros" para definir los límites de la identidad, se convierten en marcos sociales para encuadrar las memorias. Algunos de estos hitos se tornan, para el sujeto individual o colectivo, en elementos "invariantes" o fijos, alrededor de los cuales se organizan las memorias (Jelin, 2002: 25).

Nos ocuparemos en estas páginas del modo en que se representan, en el discurso de Cristina Fernández de Kirchner, ciertos acontecimientos del pasado que coadyuvan a la conformación de una identidad que utiliza estas narraciones para marcar una distancia con un *otro* y reforzar los vínculos de cohesión a su interior. Trabajaremos en torno a tres grandes ejes: en primer lugar, las ligazones que aparecen en el discurso de CFK en torno al peronismo; en segundo lugar, la representación del *pasado reciente*, específicamente, del período de la última dictadura militar; en tercer y último lugar, los festejos por el Bicentenario de la Revolución de Mayo, que dan lugar a una peculiar lectura sobre los 200 años de historia que anteceden al presente de la enunciación. Señalaremos, también, aquellas intervenciones en el espacio público que, realizadas desde el Estado, evidencian algunos aspectos de esa memoria representada: sendas inauguraciones de museos, paseos y muestras ubican a la memoria en el centro de la escena y reflejan posiciones ideológicas que revelan intereses económicos, políticos y sociales de compleja naturaleza.

4.1. Y entonces, ¿qué es el peronismo?

Inscribirse en la tradición peronista, tal como lo hace la enunciadora, es situarse en un lugar conflictivo. Aventurar una respuesta sobre qué es el peronismo podría resultar una tarea interesante, aunque casi imposible. Sin embargo, lo que nos interesa es de qué manera aparece narrado ese movimiento político, qué características se le atribuyen, qué personajes son retomados; dado que consideramos que "estudiar la memoria de un posicionamiento político implica explorar el trabajo de los discursos sobre la relación imaginaria que un colectivo establece con su pasado" (Bermúdez, 2015: 231). Asimismo, el discurso peronista funciona como parte de las *condiciones de producción* (Verón, 1998a, 2005) del discurso de CFK y, además, como ese *interdiscurso* con el que la enunciadora está dialogando permanentemente, recuperando algunos de sus rasgos, obviando otros, para articular su propio discurso en el colosal campo de discursos populistas. Vale aclarar en este punto que no estamos analizando el discurso de CFK y su vinculación con el peronista en términos ideológicos, sino más bien, en términos de su *dimensión ideológica* (Sigal y Verón, 2008) en tanto la misma da cuenta de la relación entre el discurso y sus condiciones sociales de producción, relación que "se concreta en el hecho de que el discurso en cuestión exhibe ciertas propiedades que se explican por las condiciones bajo las cuales ha sido producido" (p. 20).

Entonces, ¿qué es el peronismo para CFK?, ¿qué características comporta ese movimiento con el que se identifica? Dos fragmentos que replicamos a continuación nos pueden otorgar algunas aristas para responder a estas preguntas:

> 40- El peronismo no fue solo un movimiento político que representaba a los trabajadores, el peronismo fue la respuesta argentina a un mundo dividido, que después de la Segunda Guerra Mundial se había dividido en dos ideologías: por un lado, el capitalismo más individualista y egoísta, que se pueda conocer; y por el otro, el estatismo estúpido, también, que cayó, allá en el 89' en el Muro de Berlín (17 de octubre de 2008)

> 41- Pero ser peronista significa entender su verdadera significación que es la de no ser excluyentes, que es la de saber que puede haber otros que no tengan esa misma identidad pero también formar parte de un espacio que quiere una patria mejor, un pueblo más feliz (18 de marzo de 2011)

Se entrecruzan aquí, la presencia del componente descriptivo y el didáctico (Verón, 1987), ambos vinculados con el orden del *saber*. Tanto en (40) como en (41), las marcas de la subjetividad del enunciador son poco frecuentes, más bien se enuncia un principio que define lo que es y lo que no es, una especie de constatación, enunciada "en el plano intemporal de la verdad" (p. 21). Como decíamos al principio de este libro, la fórmula que identifica al *ethos magistral* y su correspondiente *escenografía* es: Yo –que sé y conozco– les hago saber a ustedes –que desconocen y escuchan–. Sobre las variadas interpretaciones y opiniones acerca de qué es el peronismo, CFK establece la suya como válida: el peronismo es esto (la respuesta argentina a un mundo dividido) y no aquello otro (solo un movimiento político).

Sin embargo, más allá de su inscripción en la tradición peronista, parte de la importancia de traer a escena al peronismo está dada por la *compara-*

ción que opera entre el peronismo y el kirchnerismo. La comparación está dada por su relación a la gesta, a la inscripción del kirchnerismo en la Historia (con mayúsculas). Si el peronismo "surge como una tercera posición" (24-08-11), "como la respuesta argentina a un mundo dividido" (17-10-08), si los peronistas son "los creadores de la articulación entre el capital y el trabajo" (27-03-08) se dilucida, en este sentido, una apreciación del enunciador en la que los conflictos actuales pueden ser concebidos como la materialización presente de confrontaciones históricas:

42- Hoy el mundo enfrenta desafíos tan fuertes como en aquel momento y aquí estamos nosotros parados frente a la historia para tener la respuesta de construir junto a todo el pueblo la profundización de este modelo (17 de octubre de 2008)

43- Por eso, digo es fuerte y es necesario que todos comprendamos el momento histórico que estamos viviendo, diferente a aquel 17 de octubre, pero tan fundacional en la Argentina y en el mundo como fue aquel movimiento histórico (17 de octubre de 2008)

Como veremos más adelante, el carácter de rupturista del período iniciado en el 2003, el efecto de frontera (Aboy Carlés, 2005) que produce, colabora en la operación por la cual se pretende realzar la importancia histórica del kirchnerismo, equiparándolo a grandes sucesos de la historia argentina: al peronismo, en esto que estamos viendo; a la Revolución de Mayo, como veremos más adelante. El momento actual es definido, sin ambages, como una *oportunidad histórica,* como un momento *fundacional.* Sin embargo, no es cualquier peronismo el que se intenta recuperar, sino esa tradición peronista que ya aparecía en el discurso de Kirchner y que supuso el pasaje de lo que Montero y Vincent (2013), retomando al propio Kirchner[25], llamaron *del peronismo impuro al kirchnerismo puro.* Si bien Kirchner había llegado a la presidencia bajo el ala del Partido Justicialista, ya en las elecciones legislativas de octubre de 2005 abandonó al PJ –a nivel nacional– y conformó *El Frente para la Victoria* que, en algunos casos, "fue empleada [la sigla FPV] para enfrentar la etiqueta tradicional" (Cheresky, 2009: 23). Posteriormente, para las elecciones presidenciales de 2007, la coalición que llevó a Cristina Fernández a la presidencia fue la *Concertación Plural,* que reunía a los miembros del FPV con algunos *Radicales K,* entre ellos, quien fue elegido vicepresidente, Julio Cobos. Este conflicto con el PJ aparece, por cierto, en el discurso de CFK en varias ocasiones. Veamos dos ejemplos al respecto:

---

[25] Las autoras retoman este sintagma del discurso de Néstor Kirchner pronunciado el 30 de mayo de 2005: "…realmente tengo una profunda satisfacción de juntarme con todos ustedes, con el señor Gobernador, con los Intendentes de los distintos partidos, radicales, vecinales, de los peronistas 'puros' y de los 'impuros', como soy yo. ¿Qué va a ser?" (NK, 30-05-05).

44- (…) y cuando digo nosotros hablo de la pertenencia, de la identidad de nuestro movimiento, me gusta hablar de movimiento y me gusta hablar de peronismo, siempre me resisto a hablar de partido y de justicialismo, no sé por qué será (21 de diciembre de 2010)

45- Milité desde muy joven en el peronismo. A mí no me gusta decir justicialismo, yo soy y seré toda la vida peronista, me siento así (18 de marzo de 2011)

Resulta sugestivo observar que, en (44), el distanciamiento que plantea CFK con el justicialismo se da, casualmente, durante una reunión del Partido. De hecho, en el discurso completo se realiza un *racconto* de los logros de la gestión de ambos ex presidentes en detrimento de los gobiernos anteriores, fundamentalmente, del gobierno pejotista de Carlos Menem. También lo es el reforzamiento de la instancia deíctica "cuando digo nosotros hablo de…", seguido de un guiño a sus partidarios: "no sé por qué será". El *nosotros* que atraviesa el discurso, aún con un llamamiento a otros sectores, es un *nosotros los peronistas:* "una suerte que nosotros los peronistas no hemos tenido", "nosotros cuando hemos sido mayoría en el Parlamento", "necesitamos de la colaboración del resto de las fuerzas políticas, de las que por allí no tienen tanta identidad con nosotros". Tanto en (45) como en algunos fragmentos que analizaremos luego, la enunciación presidencial se emplaza en el plano de la experiencia, hablando desde la singularidad del Yo.

Resumiendo, el distanciamiento con el PJ se sitúa en el antagonismo con los discursos neoliberales que hemos explicado en las primeras páginas de este capítulo: si para la enunciadora, la inscripción en la tradición peronista colabora en la conformación de una identidad política, separarse de las interpretaciones neoliberales dadas a esa tradición, comporta la misma importancia.

Podemos decir, a grandes rasgos, que el discurso kirchnerista retoma ciertos postulados del peronista, fundamentalmente en lo que refiere a la centralidad del Estado, a la idea de *justicia social* y a la interpelación popular que busca responder a las demandas de este *pueblo*. Y se apropia de algunas de sus simbologías que dan cohesión a una identidad peronista/kirchnerista: por ejemplo, la celebración del 17 de octubre (durante los cuatro años de presidencia) y el culto a la lealtad como valor supremo de vinculación entre el líder y sus partidarios[26], el canto de la *Marcha Peronista* en muchos de los actos oficiales, y los varios homenajes realizados a Domingo Perón, Eva Perón y Héctor Cámpora, reivindicando a este último por ser "sinónimo de

---

[26] De hecho, el 09 de octubre de 2009 se inaugura una muestra que recibió el nombre de "Día de la Lealtad", en el marco de los festejos por el Bicentenario, organizada por la Secretaría General de la Presidencia y que se mantuvo abierta durante 5 días del mes de octubre. La misma reunía fotografías, discursos y videos del período 1943-1946.

lealtad" (13-11-08). En este sentido, el peronismo "se contrapone a dictadura en el discurso, permite asociación con la democracia sustantiva, con los derechos sociales adquiridos para vastos sectores de la población a partir de esa experiencia" (Patroullieau, 2010: 49).

En el análisis que Montero (2012a) realiza del discurso de NK, la autora complejiza el vínculo establecido entre lo que denomina un retome del imaginario setentista por parte del enunciador que muestra una especie de contradicción con los postulados anti sistémicos de la izquierda argentina. Coincidimos, en este sentido, que el discurso de NK y, agregamos, el de CFK,

> (…) se articula como un discurso que impugna y pone en cuestión algunas premisas del orden neoliberal y reflota valores e ideas-fuerza que anclan en la tradición nacional-popular, en el desarrollismo y en un liberalismo económico que se figura como un 'capitalismo en serio', racional, integrador, estatista y con eje en la justicia social (Montero, 2012a: 272).

Existen otras dos cuestiones que, si bien serán analizadas en profundidad más adelante, merecen ahora ser al menos señaladas. Nos referimos, en primer término, al lugar que ocupa la figura de Eva Perón en la discursividad de la ex mandataria y, también, a ciertas operaciones que realiza la enunciadora en las que muta su lugar de enunciación, de Presidenta a militante.

Quizá uno de los elementos más interesantes a la hora de estudiar el vínculo peronismo/kirchnerismo en el discurso de CFK sea la apelación a la figura de Eva Perón, figura que reviste importancia en dos aspectos: en primer lugar, por su lugar en la historia del peronismo; en segundo lugar, por su condición de mujer[27]. La imagen de Eva aparece vinculada a la entrega, al sufrimiento, al desprendimiento de los intereses personales en pos del interés colectivo. Estas imágenes confluyen en dos *Evas* que se figuran en el discurso presidencial. Una, "la Eva hada" (27-07-11) y otra, "la Eva profunda, la Eva política, la Eva combativa, la Eva que se envolvía en la bandera y ofrecía generosa su vida, consumiéndose" (27-07-11). Como veremos más adelante, Eva sirve como ejemplo, como "auténtico ícono histórico y cultural de todos los argentinos" (27-07-11), como símbolo de esta confluencia entre fragilidad y lucha política que es, finalmente, lo que la distinguió de Perón. Esto es así porque, desde el discurso presidencial, Perón enseña, "pero Evita conmovía y sigue conmoviendo" (25-07-08).

En este sentido, durante el período que estudiamos, se realizan tres actos en homenaje a Evita: el primero, la inauguración de la muestra "Eva Perón, mujer del Bicentenario" en la Galería de los Patriotas Latinoamericanos (26-

---

[27] Sobre su inscripción en el colectivo *nosotras las mujeres*, trabajaremos en el cap. IV.

07-10), el segundo, la colocación de dos retratos en el ex Ministerio de Obras Públicas (27-07-11); el tercero, un mural ubicado en la Galería de los Patriotas Latinoamericanos (24-08-11). Si atendemos a estos tres homenajes realizados, la figura de Eva aparece sintetizada de la siguiente manera: Eva resume la imagen de ese Bicentenario de la Patria, como ejemplo de la historia independentista; es también, una patriota latinoamericana, junto a San Martín, José Martí, Simón Bolívar, Salvador Allende, entre otros, y, por último, la ubicación de sus retratos en el ex Ministerio de Obras Públicas, recuerda el histórico 22 de agosto de 1951 y unifica lo hecho con lo que resta por hacer, "una, con la satisfacción de lo que hemos logrado y, la otra, recordándonos las cosas que todavía faltan" (07-09-11). Más allá de estos tres homenajes, que establecen ciertos *lugares de memoria*, que inscriben a Evita en el espacio público, la referencia a ella permea los discursos de CFK durante todo el período.

Decíamos que otro de los elementos centrales que operan en el discurso de CFK en relación al peronismo, es la mutación de su lugar de enunciación, de Presidenta a militante: "no va a hablar la Presidenta de la Nación, sino que va a hablar la compañera de todos ustedes" (17-10-09), "acá soy una más" (14-09-10), "hoy frente a los trabajadores vengo a hablar como una compañera más. Una compañera que tal vez tiene más responsabilidades que otros" (17-10-10). Su auto denominación con *compañera* y *militante*, como si acaso fuera factible quitarse el investimento de la figura presidencial, opera para reforzar el vínculo con sus *prodestinatarios*, enfatizando su filiación al peronismo. La trasmutación que produce la enunciadora, coloca a su enunciación en un plano de individualidad, dado que se enuncia desde la propia experiencia. Esto da lugar a una lectura de la historia por fuera de los relatos historicistas, que borran la primera persona y se sitúan en un plano de *aparente neutralidad*.

4.2. El pasado reciente: la última dictadura militar

Hace algunos años se viene experimentando en diferentes ámbitos, y el académico no está exento de ello, una proliferación de reflexiones, debates y escritos en torno al *pasado reciente*. La política ha participado activamente en estos debates, fundamentalmente en América del Sur –a partir de lo que se ha denominado *el giro a la izquierda*– y, particularmente en Argentina, a partir del gobierno inaugurado por Néstor Kirchner. Prueba de ello son las políticas públicas puestas en marcha desde la asunción de NK y, además, un discurso político que recupera la consigna de *Memoria, verdad y justicia*, esgrimida desde hace años por las organizaciones de Derechos Humanos. Esta característica –la de un discurso político que pone sobre el tapete estos tópicos–, es extensiva tanto a la producción discursiva de NK como a la de CFK, diferenciándose notablemente de los discursos presidenciales que los ante-cedieron (hacemos referencia, fundamentalmente, al período neoliberal).

Podemos decir que los discursos presidenciales de NK y CFK compor-tan, en la narración que realizan del pasado reciente, algunas diferencias, dado que recuperan diferentes aspectos de este pasado. Y estas posiciones enunciativas, claro está, proyectan dos tipos diferentes de *ethos*. Si, en el caso de Néstor Kirchner, se ha hablado de un *ethos militante* (Montero, 2012a); en el caso del discurso de Cristina Fernández, el aspecto militante se en-cuentra suspendido, recuperado en ciertas ocasiones, pero no con la fuerza que aparecía en el discurso de NK. Coincidimos con Bermúdez (2015) en este punto, cuando advierte que lo que es resaltado en la enunciación presi-dencial de CFK no es el carácter heroico de los militantes (cuestión caracte-rística del discurso presidencial de su esposo), sino "la heroicidad de quie-nes reclamaron sobre el trasfondo del silencio de quienes temían o consen-tían" (p. 239). La figura de *Madres y Abuelas de Plaza de Mayo* se vuelve, por tanto, fundamental; y esto adquiere aún más importancia dado que estamos hablando de mujeres con quienes la enunciadora comparte su filiación ge-nérica. Al igual que en el caso de Eva, *Madres* y *Abuelas* se erigen como *modelos de conducta* (Perelman, 1997).

En este punto también consideramos necesario recordar que uno de los tópicos que cruza transversalmente la enunciación de la ex presidenta es el de la *institucionalidad* que, en gran parte de su producción discursiva, se vinculó con el conflicto con las patronales del agro y que ya hemos analiza-do detalladamente en el correspondiente apartado. El argumento sirvió para realizar la importancia que le otorga el discurso de CFK al juego democráti-co, desestimando a los sectores sin representación partidaria y destacando su papel de legisladora. Recordemos, también, que parte de la riqueza de su producción discursiva se encuentra en la denuncia de la connivencia con los sectores civiles y la posible instalación de formas antidemocráticas de ejercicio del poder (de reclamo, en el caso del conflicto con el campo; de libertad en el derecho a la información, en el caso de la disputa con el Grupo Clarín) como complemento necesario de la violencia dictatorial.

La narración de este pasado reciente fue trabajada en parte en el apartado "El neoliberalismo"[28], en el cual dimos cuenta acerca de la importancia dada por el discurso presidencial a destacar la participación cívica en el último golpe de estado. Esto se evidenció en tres rasgos que se vinculan y superpo-nen: en primer término, en una necesidad de rescatar la importancia de las Fuerzas Armadas (FF.AA.) y despegarlas de la interpretación vinculada a su participación en el genocidio; en segundo lugar, una reiterada denuncia

---

[28] Ver página 53 y ss.

sobre la participación cívica en el último golpe de estado; y, por último, la proclamación de un recorte temporal que buscó homologar las prácticas dictatoriales con el modelo económico neoliberal. En términos generales, podemos afirmar que el discurso de la ex presidenta se enmarca en la matriz discursiva de los gobiernos *progresistas*, discursos que denuncian la implantación de formas antidemocráticas y que pugnan por el esclarecimiento de los crímenes cometidos en dichos períodos. Discutir, entonces, con otras interpretaciones dadas a ese período, ocupa un lugar importante en la enunciación presidencial:

> 46- Por allí escucho alusiones a olvidar el pasado, pero el pasado no está siendo juzgado, los que están siendo juzgadas son personas concretas que cometieron violaciones, el pasado no se juzga, no hay ninguna figura en el Código Penal que castigue ser miembro del pasado; todos los tipos penales son claros, objetivos y concretos (...) Acá nadie está juzgando el pasado, acá lo que estamos juzgando son delitos concretos cometidos por hombres concretos, nada más que eso ni nada menos (24 de marzo de 2010)

> 47- Yo quiero, finalmente, convocar desde este Día de la Memoria a todos los argentinos, a todos y cuando digo a todos, solamente estoy excluyendo a pequeños grupúsculos que se esconden a través de pretendidas ideologías (24 de marzo de 2010)

Reponer el contexto en el que se enuncian los fragmentos (46) y (47) nos permitirá comprender de manera más acabada los discursos que pugnan por establecer una narración sobre el pasado reciente. Allí, CFK –sin aludirlo explícitamente–, está discutiendo con declaraciones del también ex presidente Eduardo Duhalde quien, por esos días, había propuesto llevar a cabo un plebiscito para decidir la continuidad de los juicios por crímenes de lesa humanidad. En diálogo con el Diario La Nación el 23 de marzo de 2010, Duhalde afirmó: "Los juicios tienen que terminar. Hay que mirar para adelante. El pueblo argentino debería votar en las elecciones de 2011 qué quiere hacer". Rápidamente, tanto la oposición como el oficialismo y, fundamentalmente, las organizaciones de DD.HH. sentenciaron dicha opinión. Es en este marco que se pronuncia el discurso cuyos fragmentos replicamos aquí. La *quaestio*, el objeto de discusión que se plantea, es aquel que enfrenta al discurso de la ex presidenta (y de la matriz discursiva a la que hicimos referencia) con aquellos que se manifiestan (explícitamente o no) en contra de una política de DD.HH. y que, en términos de políticas públicas, se vio claramente en la sanción de las llamadas *Leyes del Perdón* y la anulación de las mismas que logró el gobierno kirchnerista durante su primer mandato. El cierre del discurso que tuvo lugar en el Acto por el Día Nacional de la Memoria, la Verdad y la Justicia de 2010, y que corresponde a (47), sitúa la convocatoria por la memoria como un *valor universal*, de aquellos que *tienen corazón*, despegado de *pretendidas ideologías*. La refutación que opera allí ("Acá nadie está juzgando el pasado, acá lo que estamos juzgando son delitos concretos cometidos por hombres concretos") marca la insalvable distancia entre ambos discursos: no es una mera oposición, lo que se esconde detrás es un marco ideológico que, en los términos del kirchnerismo, es inaceptable.

Si bien podemos hallar algunos pasajes, en la enunciación de la ex presidenta, en los que se narran los acontecimientos que tuvieron lugar en la Argentina durante la última dictadura militar, consideramos sin embargo, que el piso de esa narración ya ha sido construido: en parte, por la enunciación de Kirchner, con quien la enunciadora comparte el horizonte de creencias; en parte, por su manifiesto apoyo a las organizaciones de DD. HH. A pesar de que uno puede reponer la participación militante de CFK durante los '70, su identificación generacional es, comparada con la de Kirchner, más laxa. Es decir, al tiempo que NK construía su posición de enunciación como la de un *militante,* CFK, por el contrario, se sitúa desde una posición de jerarquía, propio del *ethos magistral* que estudiamos acá, en la que en la escenografía construida, la enunciadora explica, describe, narra. Por esto, la enunciación está fundamentalmente centrada en los tres aspectos que marcamos párrafos atrás –el intento de desvinculación de las FF.AA. en relación al genocidio, la denuncia sobre la participación cívica en la última dictadura y la homologación de las prácticas dictatoriales con el modelo económico neoliberal– y, agregamos ahora, por una fuerte interpelación a la Justicia:

> 48- Y en esta tarea de reconstruir institucionalidad, sistema democrático constitucional, creo que también ambos poderes del Estado, el Poder Ejecutivo, el Poder Legislativo y también la Corte Suprema de Justicia, los tres poderes del Estado, hemos finalmente derribado el muro de la impunidad y decretada la anulación de las leyes de Obediencia Debida, Punto Final e Indultos, hemos aportado a la construcción del sistema democrático. Yo espero que en estos cuatro años de mi mandato, estos juicios que han demorado más de treinta años en ser iniciados, puedan ser terminados (10 de diciembre de 2007)

> 49- Yo no quiero terminar este mensaje a esta Asamblea Legislativa sin pedir una vez más, por un tema que es central y que también ha sido uno de los pilares de este Gobierno en materia de política de Derechos Humanos y que tiene que ver precisamente con lograr por parte de la Justicia eso, que se haga justicia y que finalmente los juicios que se vienen desarrollando contra quienes violaron los derechos humanos durante la dictadura, precisamente sean juzgados. Ha habido avances, ha habido condenas emblemáticas, pero no podemos dejar de decirlo aquí en este recinto (…) Es hora entonces que la Justicia dé respuestas porque es la hora de ella. Ya pasó la hora del Poder Ejecutivo y la hora del Poder Legislativo, es la hora de la Justicia y se viene demorando desde hace demasiado tiempo (01 de marzo de 2009)

El *nosotros* de los ejemplos reproducidos varía en su amplitud: en algunos fragmentos, el *nosotros* corresponde a los tres poderes del Estado; en otros, es un *nosotros* más difuso (por ejemplo en: "no podemos dejar de decirlo aquí en este recinto", "demandamos a esa Justicia") en la que la enunciadora pareciera hablar *por todos*, vehiculizando una demanda colectiva. La Justicia debe proceder pues es *su hora*, pero es el *nosotros* de la enunciadora el que está en deuda:

> 50- Se lo debemos a quienes fueron las víctimas; se lo debemos a sus familiares, a las Abuelas, a las Madres, se lo debemos a los sobrevivientes que no pueden seguir estando sometidos a la tortura del relato permanente de la tragedia. Y se lo debemos también a las Fuerzas Armadas, para que de una vez y para siempre, en vistas al Bicentenario, se pueda separar la paja del trigo y entonces los argentinos podamos todos volver a mirarnos a la cara (10 de diciembre de 2007)

El reconocimiento dado a algunos juzgamientos, aparece solapado por un reclamo de inmediatez: es necesario *agilizar* las causas, para que *finalmente* se juzgue a los responsables. Ahora bien, *¿en nombre de* quién pide la enunciadora? Recordemos en este punto un momento de suma importancia en la era K en relación al pasado reciente: aquel discurso pronunciado por Néstor Kirchner en el marco de la creación del Museo de la Memoria, situado en la ex Escuela de Mecánica de la Armada (ESMA). Allí, el ex presidente afirmó: "Como presidente de la Nación Argentina vengo a pedir perdón del Estado Nacional por la vergüenza de haber callado durante veinte años de democracia" (24-03-04). En nuestros ejemplos, sin embargo, el lugar de enunciación es aún más amplio; no es el Estado el que demanda, o no solo él, sino *casi todos los argentinos*. Este *casi* deja afuera a esos "pequeños grupúsculos que se esconden a través de pretendidas ideologías" (24-03-10).

Decíamos, párrafos atrás, que CFK incorpora en su discurso, una recurrente referencia a las *Madres y Abuelas de Plaza de Mayo*, encontrando en ellas la síntesis entre la memoria, la identidad, la lucha y el amor:

> 51- Pero la verdad, que de las Madres, de las Abuelas, de Estela, de Hebe, de Tati, de Rosa, no quiero dejar de nombrar a alguna, pero en ellas las nombro creo que a todas, aprendí a recordar de otra manera. Aprendí a recordar con amor, aprendí a recordar con demanda de memoria, de justicia y de verdad, pero también de amor a la vida y de alegría (24 de marzo de 2010)

La enunciación de la ex presidenta tanto sobre *Madres* como sobre *Abuelas* (y nos referimos no solamente a los fragmentos replicados aquí, sino a toda su producción discursiva) genera una escena de intimidad: las busca con la vista, baja el tono de su voz, habla de manera pausada. Opera aquí, una suerte de identificación –genérica, quizás– que le permite enunciar desde un Yo cargado de subjetividad. En los pasajes en los que CFK discurre sobre ellas, se observa un discurso modalizado afectivamente y desde una posición de humildad: la enunciadora no hubiese sido capaz de actuar como lo hicieron *Madres* y *Abuelas*. Como explicitamos anteriormente, son figuradas en el discurso como *modelos de conducta*, "ligadas, a la vez, a la perseverancia y a la superación de las adversidades" (Maizels, 2015: 218).

4.3. La oportunidad histórica

En el período que nos ocupa se producen las celebraciones por el Bicentenario de la Revolución de Mayo, hecho que permeó los discursos de la ex mandataria desde el inicio de su mandato –a pesar de que el Bicentenario tendría lugar recién en el año 2010–. Todo el período fue un gran festejo por el Bicentenario de la Patria, visible no solo en la cantidad e inmensidad de los festejos producidos durante el 2010, sino por una sistemática insistencia en la adjudicación del apelativo *Bicentenario* a hechos y acontecimientos diversos: obras del Bicentenario, becas del Bicentenario, ciencia del Bicentenario, Justicia en el Bicentenario, Mujer del Bicentenario, Paseo del Bicentenario. En una suerte de *fetichización de las centenas* (Bermúdez, 2015), la cuestión del Bicentenario y la apelación a la *generación del Bicentenario* generó una lectura del pasado que funcionó en términos de *antítesis* entre Centenario/Bicentenario. Durante el período de pertinencia de este trabajo, se realizaron varias conmemoraciones que tuvieron al Bicentenario como tópico principal y, también, se inauguraron una serie de *lugares* que buscaron inscribir la temática en el espacio público[29]. Resulta enriquecedor analizar la *cuestión del Bicentenario* –con sus festejos, sus discursos, sus inauguraciones– en términos de un *lugar de memoria* (Nora, 1998, 2008).

> El *lieu de mémoire* es una noción *abstracta*, puramente *simbólica*, destinada a desentrañar la dimensión rememoradora de los *objetos*, que pueden ser *materiales*, pero sobre todo inmateriales, como *fórmulas, divisa, palabras clave* (...) Se trata, de comprender la administración general del pasado en el presente, mediante la disección de sus polos de fijación más significativos[30] (Nora, 1998: 32).

Producto de una vigilancia conmemorativa, los *lugares* responden a una ilusión de eternidad y "son, ante todo, restos" (Nora, 2008: 24); surgen de una especie de amenaza que nos lleva a preguntarnos: ¿amenaza sobre qué?, ¿sobre el olvido?, ¿o sobre otras interpretaciones dadas a esos *lugares de memoria*?

---

[29] Nos referimos a: 1) inauguración del Salón Mujeres Argentinas del Bicentenario (06-03-09); 2) inauguración del Paseo del Bicentenario (21-05-10); 3) apertura de la primera parte del Centro Cultural Bicentenario (24-05-10); 4) apertura de la Galería Patriotas Latinoamericanos (25-05-10); 6) inauguración del Museo del Bicentenario (24-05-11).
[30] Los resaltados son del original.

Con el fin de establecer algunas pautas para dar cuenta del análisis diremos que hay pues, 1) la oposición entre el Centenario y el Bicentenario; 2) la comparación dada por la coincidencia entre las fechas (25 de mayo de 1810 y 25 de mayo de 2003, día de la asunción presidencial de Néstor Kirchner) que busca realzar la entrada del kirchnerismo en la Historia, entrada planteada en términos de *oportunidad histórica*; y 3) la emergencia de una *generación del Bicentenario*, que opera también en comparación con otras *generaciones* (la *Generación de Mayo* y la *generación diezmada*). Podríamos resumir estas tres aristas en un enunciado, pronunciado por la propia Cristina Fernández de Kirchner:

> 52- Creo que debemos y nos debemos todos los argentinos escribir una historia diferente (…) Quiero y queremos los argentinos en esta etapa del Bicentenario, la reconstrucción de lo que podríamos denominar una nueva historia (20 de diciembre de 2007)

Maizels (2015) apunta en este sentido que el discurso de CFK construye dos imaginarios vinculados a las proyecciones futuras: "por un lado, el imaginario de la justicia social, propio del peronismo; y, por otro lado, el imaginario de la 'modernidad' en relación con el avance científico-tecnológico" (p. 235). La enunciadora es agente activo de esa reescritura de la historia, de esa reconstrucción. La reactualización de los acontecimientos pasados, en oposición a las lecturas conocidas sobre los mismos, será uno de los logros más importantes de la discursividad kirchnerista. CFK se opone a la *historia de Billiken*, proclamando el conocimiento de la *verdadera historia*, de la *historia de hombres y mujeres de carne y hueso.*

Y no solo es esta, otra lectura de la historia, la *verdadera,* sino la vuelta al presente, la actualización de gestas históricas que tienen, ahora, la posibilidad de repetirse:

> 53- (…) Y yo siempre digo, si hace 200 años ellos fueron por la libertad, hoy nosotros tenemos que ir por la igualdad de los argentinos (21 de junio de 2011)

Si existió una lectura ficticia de la historia, mediada de intereses espurios, minúsculos, el kirchnerismo, fiel al *ethos magistral*, toma a cargo la interpretación de esta otra historia, como decíamos, la *verdadera*, que sitúa a este movimiento político en el centro de la escena. Una correcta compresión de la historia permitirá, según la enunciadora "poner una bisagra histórica y dejar atrás definitivamente doscientos años de fracasos, frustraciones y desencuentros" (01-04-08).

Respecto del primer punto al que aludíamos, la antítesis Centenario/Bicentenario, la misma está fundamentalmente vinculada a denunciar a los sectores liberales y la inherente desigualdad que encarnaba el modelo económico-político vigente; y a resaltar la oportunidad histórica de este Bicentenario:

> 54- Ustedes saben que el primer Centenario estuvo caracterizado por casi un festejo reducido a los entonces grupos dominantes en la República Argentina y que geográficamente se limitó a una conmemoración aquí, en la Capital Federal, donde, además, la gran transformación que se proponía era hacer desaparecer todos los vestigios de lo que éramos, de la Argentina que había venido con su red hispánica y de la colonia, para hacer una Buenos Aires europea casi francesa; esta fue la gran conmemoración del Centenario. Aspiramos a que este Bicentenario encuentre una conmemoración que tenga que ver, precisamente, con la ciencia y la tecnología, como eje central de la incorporación de la Argentina al siglo XXI y también con su pertenencia, su construcción federal y su pertenencia latinoamericana (23 de enero de 2008)

La interpretación dada al Primer Centenario es novedosa, al menos en el campo de los discursos políticos argentinos. Las oposiciones que nutren esta gran antítesis entre Centenario y Bicentenario, podrían resumirse en la valoración de la independencia –en comparación con la denunciada dependencia características de los primeros cien años de historia–, la proclamación de la universalización de derechos –que sean la contracara de la exclusión que permeó el Centenario– y, por fin, la importancia dada a América del Sur, la *Patria grande* –en contra de la europeización que diferenció al Primer Centenario–. El uso del *nosotros inclusivo* funciona en el sentido más abarcativo posible en el marco del discurso político: *nosotros, los argentinos*.

La segunda arista del análisis que proponemos en este apartado está dada por la coincidencia entre las fechas: el 25 de mayo de 1810 y el 25 de mayo de 2003, día de la asunción del ex Presidente Néstor Kirchner. Nos limitaremos, en este sentido, a describir y analizar las operaciones mediante las cuales la enunciadora inscribe al kirchnerismo en general y a su período en particular, en el horizonte de acontecimientos políticos nacionales. Sin embargo, no podemos dejar de mencionar otro hecho que aconteció un 25 de mayo y que no aparece en el discurso de CFK: la asunción de Héctor Cámpora como Presidente de la Nación, en el año 1973. La omisión de este dato –que, por el contrario, en el discurso de NK se torna fundamental– refuerza la hipótesis que planteábamos páginas atrás sobre el *ethos* de CFK: su aspecto militante no adquiere la fuerza que detentaba en el discurso presidencial de su marido; como estamos analizando, CFK construye su posición de enunciación más como una profesora de historia que como una militante. Como veremos, en algunos pasajes se hace referencia explícita a la coincidencia en las fechas, mientras que en otros, se enfatiza la importancia de ambos sucesos: la Revolución de Mayo y las políticas instauradas por el kirchnerismo, del 2003 a la fecha:

55- Y hoy, hoy argentinos, permítanme acordarme de otro 25 de mayo, del 25 de mayo de 2003, cuando haciendo honor a nuestras convicciones, a nuestras ideas, le dijimos al pueblo argentino que podíamos ponernos de pie, que era el trabajo y la producción lo que nos iba a salvar (25 de mayo de 2008)

56- Luego vinieron otras historias que jalonaron todo el segundo siglo pero que sumadas, con victorias y con tragedias, pudimos cumplir estos 200 años con la más absoluta y profunda democracia de la que se tenga memoria, con libertad y con el compromiso de un gobierno que hoy también, por esas curiosidades de la historia, cumple años este proyecto que comenzó el 25 de mayo de 2003 y que hoy cumple exactamente siete años y que quiere comprometerse con todos los argentinos, cualquiera sea su origen, su identidad, su pertenencia en el compromiso de defender los intereses sagrados de la patria, como lo hicieron todos y cada uno de los hombres y mujeres que integran esta Galería de Patriotas Latinoamericanos (25 de mayo de 2010)

Observamos en (55) y (56) la referencia explícita a la coincidencia entre ambas fechas, poniendo a ambos acontecimientos en el mismo nivel de importancia en la historia nacional. Además, los 100 años de historia que median entre un acontecimiento y otro, se resumen en el enunciado "Luego vinieron otras historias que jalonaron todo el segundo siglo". Pero la coincidencia no está dada solamente por la importancia que reviste la Revolución de Mayo y la asunción del primer gobierno kirchnerista, sino por las situaciones en las que se producen ambos acontecimientos, por las desigualdades que dejan atrás, por los escenarios que buscan transformar. En todos los casos, estamos en el marco de los discursos epidícticos, en los cuales se realizan dos operaciones: una, de rememoración "dado que recupera zonas del pasado para legitimar o deslegitimar una zona del presente; otra didáctica, ya que vehiculiza valores y creencias que otorgan una identidad aglutinante a la comunidad" (Bermúdez, 2011: 4-5). El uso del nosotros inclusivo (*dijimos, volvimos, nuestros pueblos*) refuerza esta característica que busca cohesionar una determinada identidad:

57- Hoy tal vez son otras las batallas, ya no son como en aquella épica militar contra el coloñaje manifiesto de ocupación territorial, hay otras batallas. Yo hablaba hace muy poco, en Tucumán, cuna de la Independencia, el 9 de julio, sobre la necesidad de construir una nueva independencia de nuestros pueblos, y en esta tarea de construcción de una nueva independencia, debemos estar los hombres y mujeres que, elegidos democráticamente por sus pueblos, hoy tenemos el desafío de luchar contra la pobreza, contra la desigualdad, contra la inequidad. Lo debemos hacer de distinta forma a como lo hicieron aquellos hombres, pero hay un hilo conductor común: el compromiso y las ideas. Porque, en definitiva, todas las luchas que se han dado aquí en América, todas las luchas que se han dado en la humanidad, siempre han sido las luchas de las ideas (04 de agosto de 2008)

Los valores que recupera el discurso presidencial –la igualdad, la independencia, la educación, la libertad– son reactualizados en función del escenario presente; son *otras batallas*, son *nuevas luchas*, pero que mantienen un hilo conductor con aquellas desplegadas por la *Generación de Mayo*.

Páginas atrás, propusimos trabajar en torno a tres aristas: la oposición Centenario/Bicentenario, la coincidencia en el 25 de mayo y la apelación a la *generación del Bicentenario*. Nos resta, por lo tanto, analizar esta última.

La convocatoria a una *generación*, de la que la enunciadora se hace partícipe, genera una comunidad de pertenencia, fundamentalmente vinculada a un rasgo temporal. Ahora bien, cualquier lector puede reponer aquí otras *generaciones* que revistieron importancia en la historia política de nuestro país. En primer lugar, la propia *Generación de Mayo*; pero, además, aquella generación –la de los '70– que fue fundamental tanto en el discurso de Cristina Fernández de Kirchner como en el de su marido. Analizando este aspecto, Bermúdez (2015) sugiere que, en el discurso de CFK, la *generación del Bicentenario* se muestra como superadora de la generación de los '70: "Se procura así, en una misma producción enunciativa, darle a esta generación entidad como objeto de la Historia y prometerle el mismo destino a aquellas voluntades que adhieran a la interpelación del enunciador" (p. 239). Esta es una generación que debe aprender "que antes que el sector, que antes que nuestra propia individualidad están los intereses del país y de la Patria" (25-05-08), generación que cubre *deudas históricas*:

> 58- Yo quiero decirles, con todo el orgullo de nuestra historia, que hoy quiero ser algo más, hoy quiero ser parte de la generación del Bicentenario convocando a todos los hombres y mujeres que crean que es necesario seguir construyendo este país con inclusión social y con redistribución del ingreso. En este país, a esta generación del Bicentenario, donde hay lugar para hombres y mujeres de distintas edades, de distintas historias, para trabajadores, estudiantes, intelectuales, empresarios, comerciantes, productores, el único requisito que se necesita es querer a esta Argentina (25 de mayo de 2008)

La convocatoria a esta *generación del Bicentenario*, a este "acuerdo del Bicentenario" (18-06-08), rebosada de responsabilidad histórica, comparada con esta otra generación, la de los hombres de Mayo, está cargada de valores que se supone resumen el contenido ideológico del kirchnerismo: libertad, igualdad, democracia. Una generación que *paga deudas* es, al fin y al cabo, aquella que suspende su propio tiempo en pos del crecimiento de una Nación. Será la emergencia de esta generación o, mejor aún, el pasaje de la *generación diezmada* a la *generación del Bicentenario* el que sintetiza los puntos nodales de la identidad política propuesta y de la que nos ocuparemos en el último capítulo.

Capítulo III. *Ethos* íntimo

1. Introducción

No solamente el padre de mis hijos; no solamente una relación de carácter marital,
sino además una profunda relación política (26-11-10)

En el presente capítulo proponemos la caracterización de lo que hemos denominado como el *ethos íntimo*. En este nuevo tipo de *ethos* que irrumpe a partir de la muerte del ex presidente Néstor Kirchner, el 27 de octubre de 2010, la producción discursiva de la ex mandataria sufrirá cambios radicales que se sostienen, al menos, hasta el final del período de pertenencia de este trabajo. Dividimos el capítulo en cuatro apartados. En primer lugar, dado que el *ethos* se vincula con un tipo de *escenografía*, ambos cambian al unísono. Por esa razón, nos referiremos a la construcción de una nueva *escenografía*, que denominamos *escenografía íntima*. En segundo lugar, realizaremos algunas consideraciones teórico-epistemológicas sobre la categoría de *género*, dada la importancia que la inscripción genérica comporta en el discurso de Fernández de Kirchner en general y en esta situación en particular. En tercer lugar, propondremos la caracterización tanto del lugar de enunciación de la ex mandataria, como de los principales argumentos esgrimidos por los *contradestinatarios* durante este período, período atravesado transversalmente por el duelo y en el que se evidencian y cuestionan ciertos estereotipos de género. En cuarto lugar, analizaremos el modo en que se construye, desde el discurso presidencial, la figura de Néstor Kirchner y cuáles son los principales significados que le son atribuidos. En quinto lugar, a partir de la emergencia de un nuevo fenómeno producido después y gracias al fallecimiento de Kirchner, como fue el acrecentamiento de la militancia juvenil, nos detendremos en el modo en que esta juventud es incorporada en el discurso de Fernández de Kirchner y en los vínculos que se establecen entre distintas *juventudes* –la juventud de la propia enunciadora, las protestas juveniles desplegadas en ese período tanto en Europa como en Chile, etc.–. Por último, dedicaremos un apartado a analizar el discurso de campaña de la enunciadora, a partir de su anuncio de presentación a la reelección, en junio de 2011, y cómo se vincula su nueva configuración de *mujer viuda* con un discurso preponderantemente programático.

2. La escenografía íntima

Perdónenme si les cuento estas cosas pero siento necesidad de hacerlo
(27-04-11)

El 27 de octubre de 2010, el país –y el mundo– despertó con una inesperada noticia: la muerte de Néstor Kirchner. Pocas horas pasaron desde la irrupción de la novedad, para que diversas muestras de afecto se desplegaran a lo ancho y largo del país. El funeral, al que asistieron mandatarios extranjeros y diferentes figuras de la cultura, el espectáculo y la política nacionales, se desarrolló a lo largo de tres días, en los cuales se permitió el ingreso de quienes durante ese tiempo, se habían apostado en la puerta de la Casa Rosada. La grilla televisiva se colmó de homenajes al ex presidente y de transmisiones en vivo de lo que sucedía durante el funeral. "Kirchner marcó una época", "¡Fuerza todos!", "Murió Néstor Kirchner": así titularon sus tapas Clarín, Página12 y La Nación, respectivamente. Era, de algún modo, un hecho político sin precedentes. Kirchneristas y no kirchneristas se acercaban a saludar a Cristina Fernández y esgrimían una frase que permearía la propia producción discursiva de la ex mandataria: "Fuerza, Cristina".

Cinco días después, el primero de noviembre, CFK hizo su primera aparición pública, a través de un mensaje grabado y emitido por cadena nacional desde el despacho de la Casa Rosada. La importancia del uso de la cadena nacional, en todos los casos pero en este particularmente, está dada porque "la mirada a cámara articulada con una invocación al colectivo ciudadanos genera un compromiso legalizado en una escala que tiende a coincidir con el imaginario del Estado mismo" (Cingolani y Fernández, 2010: 45). Es la coincidencia entre la voz del Estado y la de la persona –Cristina Fernández– la que resulta de particular novedad al tiempo que aparece, como decíamos anteriormente siguiendo a Cingolani (2015), una dimensión imprevista: el estado de ánimo.

Si los cuerpos de los gobernantes son, en sí mismos, *materias discursivas*, el cuerpo de CFK pone en tensión esta dicotomía entre lo público y lo privado; de allí que, de acuerdo a Cingolani (2015),

> pese a que no tenemos acceso a lo privado sino ya como público, podemos reconocer allí algo que opera como clave de lectura en términos de una

observación que franquea un límite, de una irrupción, intromisión o profanación de lo privado, que se ha vuelvo accesible, y que está inscrito como estrategia enunciativa. En ese sentido, mi hipótesis es que en la mediatización, lo privado constituye discursividad solo como modalidad enunciativa (Cingolani, 2015: 190).

Los discursos que atraviesan el período que aquí estudiamos son, por definición, fuertemente emotivos y una de las características que dan cuenta de este aspecto es que la ex mandataria llorará en muchos de ellos. El llanto no es, claramente, una característica habitual en los discursos políticos, como tampoco lo era en el de CFK antes de la muerte de Kirchner. Sin embargo, desde el discurso del 1ro. de noviembre y hasta el final del período de competencia de nuestro trabajo, analizaremos discursos en los que CFK aparece visiblemente emocionada. Los recuerdos familiares, de pareja, la centralidad de la figura de NK con una serie de significados atribuidos y la identificación con una juventud a la que la enunciadora interpelará constantemente terminan de conformar este tipo de *ethos* que estamos analizando.

Pues bien, ¿qué características comporta este *ethos* que describimos en este capítulo? En principio diremos que, aun compartiendo características con el *ethos magistral*, es un tipo de *ethos* que se vio condicionado por la muerte del ex presidente. El *ethos íntimo* se construye a partir de un nuevo tipo de *escenografía* en la cual, diremos ahora de forma preliminar, la ex mandataria enfatiza su lugar de mujer en un péndulo que va *de la fragilidad a la fuerza*, marcada por su condición –nueva– de mujer viuda. A su vez, las formas de contradestinación que analizaremos en los siguientes apartados y que definen este nuevo dispositivo enunciativo también se encuentran supeditadas a este escenario y se definen en función de la ausencia del ex presidente. La diferencia entre la *dificultad* y el *dolor* (diferencia que CFK explicita en su primera aparición pública) establece una distinción entre el terreno de lo privado y lo público o, mejor aún, entre lo íntimo y lo político: la *dificultad* es inherente a su condición de gobernante, el *dolor* es propio de la pérdida de su marido.

Por lo tanto, definimos al *ethos íntimo*, entre otras características distintivas, como aquel que oscila entre reproducir algunos de los estereotipos de género más usuales (la mujer en tanto sujeto débil y la mujer-madre que protege y cuida) y realzar la importancia del género utilizándolo como elemento de legitimación política (Valenzuela Somogyi, [2015]). Esta doble significación no es exclusiva del período que aquí abordamos[31], sino que su particularidad se encuentra en que, ahora, la construcción de su pertenen-

---

[31] Trabajaremos en profundidad la inscripción de CFK en un *colectivo de identificación* determinado por el género, en el próximo capítulo. Allí abordaremos estas cuestiones, sin referirlas a la muerte de Kirchner, sino como parte de la construcción de un tipo especial de liderazgo político.

cia genérica se vincula, de manera exclusiva, con el duelo y, por tanto, con la emergencia de CFK como *mujer viuda*. Esto vuelve necesaria cierta reflexión teórico-epistemológica acerca de qué es *ser mujer* y en qué sentido podemos definir esto en el discurso de CFK. Porque, claro está, afirmarse como *mujer*, sea en política o en cualquier ámbito, es un terreno no unívoco y esencialmente problemático, y porque "el género no siempre se constituye de forma coherente o consistente en contextos históricos distintos, y porque se entrecruza con modalidades raciales, de clase, étnicas, sexuales y regionales de identidades discursivamente constituidas" (Butler, 2007: 49). Por tanto, la identificación genérica propuesta por CFK es, como cualquier identidad, contingente, precaria, nunca acabada y es posible atribuirle variadas características.

Así como, al definir el *ethos magistral* y su respectiva escenografía, dijimos que esta se caracterizaba por la construcción de un *ambiente* de posiciones jerárquicas bien marcadas y en la que CFK se posicionaba desde un lugar de saber y de hacer-saber; en este caso su construcción escenográfica es sensiblemente distinta. Por un lado, y tal como lo analizaremos en las páginas que siguen, en esta nueva construcción se resalta algo del orden de la proximidad: el dolor, la pérdida, la búsqueda de empatía con el otro. A su vez y si atendemos a la mediatización de la figura presidencial, se observa también la progresiva incorporación de figuras políticas cercanas a los recintos en los que se enunciaban los discursos. Este pasaje supone "el abandono de la interacción visual a la espectación de una escena de interacción dentro de un sector político, si bien muy importante, de ninguna manera hegemónico" (Fernández, J.L., 2017: s/p). Podríamos resumir la fórmula propia de este *ethos* y de esta *escenografía* como: Yo –presidenta, madre y viuda– comparto con ustedes –que sienten mi dolor– y reafirmo mi compromiso de velar por los intereses de la Nación –por mí, por ustedes y, sobre todo, por él–.

3. La dificultad y el dolor: mujeres, discurso y política

> *Pero, a partir del 27 de octubre, se agregaron a todo lo que ya venía siendo descalificación, agravio, ficciones, mentiras, dos capítulos nuevos: medicina y psicología*
> (21-06-11)

Hace ya varios años que asistimos a una proliferación de estudios que problematizan la vinculación entre el género y el discurso, desde variadas tradiciones disciplinares y en diferentes lugares del mundo. En primer lugar, todos coinciden en la denuncia a un discurso que establece a *los hombres* como el modo universal de denominar a los seres humanos, como ese Uno que funciona como "principio de organización y control estable y unificado" (Colaizzi, 1992: 110) y que encontraría a la Mujer como desplazada a un segundo término, a lo-que-no-es-el-hombre. Al analizar el género, entonces, nos enfrentamos a una serie de discusiones que, tanto desde la política como desde la academia, se vienen desarrollando fundamentalmente desde los años '60, con un fuerte despliegue de la teoría feminista a partir de la década del '70. Estas discusiones, nunca acabadas, se han enfrentado históricamente a un problema que surge de la distinción entre la reivindicación de la igualdad y el reconocimiento de la diferencia. Dicha dicotomía parte del mismo concepto de *ciudadanía* –y, por ende, de los derechos ligados al ser ciudadano–, concepto criticado por la teoría feminista[32] y que supuso la adopción del concepto de *ciudadanía diferenciada*, incorporando la categoría de género y propugnando el derecho a la diferencia.

La categoría de *género* como concepto dinámico, complejo teóricamente y con posibilidad de operativización política, se forjó en diálogo con el marxismo y en vinculación con el concepto de *clase* (Fernández Cordero, 2016). Es por esto que las vinculaciones entre la izquierda y el feminismo dividen a aquellas corrientes *institucionalistas* –con posibilidades de que las reivindicaciones se transformen en efectivas políticas de género aunque con el riesgo de ver "cómo las leyes se desdibujan en las peripecias de las reglamentaciones y los presupuestos exiguos" (p. 122)– y las corrientes autónomas –con reivindicaciones que parecen menos contaminadas por la política pero, a su vez, con la imposibilidad de tener un mayor alcance–. Un punto no menor en las discusiones desplegadas por la teoría feminista tiene que ver con el rol público-político de la mujer y, en este sentido, se hace necesaria una mención a la Ley 24.012, denominada *Ley de Cupo Femenino* y sancionada en Argentina en 1991. Esta ley, consecuencia de luchas protagonizadas por mujeres a partir de la década del '80, fue el producto de dos proyectos de ley[33] presentados en 1989 que proponían modificar el Código Electoral Nacional y que resultó en la conformación de la *Red de Feministas Políticas*, unidas bajo el lema "Con pocas mujeres en política, cambian las mujeres; con muchas mujeres en política, cambia la política". La reforma del Código Nacional Electoral, en su artículo 60, definió:

---

[32] Mouffe (1999) aporta aquí un argumento interesante, que retoma de la teórica política feminista de origen británico Carole Paterman. Para esta última, la exigencia de igualdad es aceptar la concepción patriarcal de ciudadanía, lo que significaría que las mujeres debieran parecerse a los hombres. Del otro polo, exigir que se dé atención a ciertos atributos o valores que serían propiamente femeninos y que estos mismos sean valorados como forjadores de ciudadanía "es pedir lo imposible, puesto que tal diferencia es precisamente lo que la ciudadanía patriarcal excluye" (Mouffe, 1999:11).

[33] El primero fue redactado por una senadora nacional de Mendoza, Margarita Malharro de Torres, de la Unión Cívica Radical. El segundo fue presentado en el mismo año por un conjunto de diputadas de diferentes pertenencias partidarias.

Las listas que se presenten deberán tener mujeres en un mínimo de un treinta por ciento (30%) de los candidatos de los cargos a elegir y en proporciones con posibilidad de resultar electas. No será oficializada ninguna lista que no cumpla estos requisitos (Ley Nacional 24.012).

Si bien existió un significativo aumento del número de legisladoras en el Parlamento[34], ¿esto es condición suficiente para afirmar una igualdad de acceso al poder?, ¿hablamos de igualdad o de paridad? El acceso cuantitativo de las mujeres a posiciones de poder política no significa, sin embargo, que la calidad de la participación aumente en la misma proporción ni, tampoco, que la participación femenina en estos puestos se traduzca en un mayor impulso a políticas de género. El problema es también, tal lo plantea Fernández Cordero (2016), no solo preguntarnos *cuántas* y *cómo* sino, también, *quiénes* son esas mujeres que acceden a los cargos políticos[35].

En el discurso de Fernández de Kirchner, la identificación con un *colectivo de identificación* definido por el género es también y en sí misma, problemática. Si aceptamos que hay algo del orden de *lo femenino* que constituye "un sistema simbólico o sistema de significados que correlaciona el sexo con contenidos culturales de acuerdo con valores sociales y jerarquías" (de Lauretis, 1989: 11), esto da forma a una serie de discursos circulantes que pugnan por definir qué significados se le atribuyen al *ser mujer* y, más aún, al *ser mujer en la arena política*. En nuestro caso de estudio, un discurso esencialmente misógino recorrió las páginas de la prensa y las declaraciones de la oposición durante todo el período al que se aboca este trabajo. Resaltaremos

---

[34] Un notable aumento de la cantidad de diputadas nacional se registró a partir de la aplicación de la Ley de Cupo Femenino en las elecciones legislativas celebradas en 1993: "la participación de las legisladoras en la Cámara baja ascendió del 5,4% al 13,6%, para llegar a conformar el 33,5% del total de diputados en el período 2003- 2005 y el 35,2% a partir de ese último año, ubicando al país en el noveno puesto del ranking que registra la presencia de mujeres en los parlamentos nacionales del mundo (International Parliamentary Union, marzo de 2006). En el caso del Senado de la Nación, desde el año 2001 (la primera elección con arreglo al cupo femenino) la participación de las mujeres se sextuplicó. Las senadoras, que en el período 1998/ 2001 constituían el 6% de la Cámara alta, pasaron a representar el 36% de los integrantes del Senado en el período 2001/2003 y el 42% en 2005" (Marx, Borner y Caminotti, 2006: 73).

[35] Un dato interesante aporta este texto de Fernández Cordero (2016), respecto del llamado *gobierno rosa* de José Luis Rodríguez Zapatero, quien ostentaba tener un gabinete compuesto por nueve ministras y ocho ministros. Sin embargo, al explorar las biografías de los ministros, salvo uno, todos los demás estaban casados y entre los ocho ministros, sumaban más de 20 hijos e hijas. Del otro polo, más de la mitad de las ministras habían declarado no tener parejas y entre las nueve, no llegaban a 10 hijos e hijas. "Dejando de lado las opciones personales, esta simple cuenta demostraba que el acceso de las mujeres a cargos de alto nivel público (y también privado) no parecía modificar las relaciones familiares tradicionales ni las prácticas de cuidado. Al contrario, se mantenían más o menos incólumes, dado que los varones no parecían tener necesidad de resignar la paternidad o la vida familiar para participar en las altas esferas de la política" (Fernández Cordero, 2016: 124).

las tres ideas que son las que, consideramos, tuvieron mayor peso en la opinión pública. En primer lugar y como ya hemos mencionado en nuestro trabajo, el primer argumento con el que se cuestionó la postulación de CFK a la presidencia y que se mantuvo durante gran parte del período, fue la idea de *doble comando*, haciendo de la ex mandataria una simple instrumentadora de los designios de su marido. Subyacía allí la idea de que la mujer se somete, en silencio, a los deseos de un otro, su marido. "Kirchner parece más permeable que Cristina a la cesión de espacios. Quizás sea la generosidad de quien se sabe inequívocamente al mando", rezaba una nota del diario Clarín en septiembre de 2007, firmada por el periodista Julio Blanck. "Creo que este doble comando, si sigue, va a ser positivo porque ella [CFK] no está preparada para un tema tan difícil como es el de gobernar", afirmaba Eduardo Duhalde en Radio Mitre. Ambos ejemplos resumen lo que estamos describiendo. En segundo lugar, a partir del desarrollo del conflicto con las patronales agropecuarias, un nuevo vocativo le fue adjudicado a CFK: *la yegua*, vocativo que resaltaba ciertas características de su figura y de algo del orden de lo indomable, de lo imposible de contener. Además, debemos considerar que también a Evita la llamaban con el mismo calificativo. En último lugar, como veremos en detalle a continuación, una vez producido el fallecimiento de Néstor Kirchner, se construyó una imagen de CFK en la que se cuestionaban las capacidades psíquicas de la ex mandataria para continuar en funciones, haciendo de ella una mujer débil que quedaba en soledad.

Por tanto, los sentidos atribuidos a *ser mujer* y, aún más, *ser mujer y ser presidenta* reproducían estereotipos que hacían de CFK una mujer débil, incapaz, sometida. El discurso presidencial de Fernández de Kirchner, en el marco de este *ethos íntimo* con el que trabajamos en este capítulo, se constituye polémicamente como un *ethos* fundamentalmente dialógico en relación a ciertas representaciones de género que circulaban fundamentalmente en los medios y es en este sentido que decimos que su discurso variará entre la reproducción y la ruptura de algunos de estos estereotipos, en un péndulo que va de la *fragilidad a la fuerza*.

4. El límite entre la fragilidad y la fuerza

> *Pero déjenme decirles que desde este miércoles, además de esa inmensa responsabi-*
> *lidad que siempre sentí y ejercí con mucho amor, con mucho corazón, con mucha*
> *convicción, con mucha pasión, siento otra gran responsabilidad que es la de hacer*
> *honor a su memoria y hacer honor a su gobierno que transformó y cambió el país*
> (01-11-10)

Para comenzar con este apartado creemos necesario resaltar la importancia y particularidad del primer discurso que pronunció la ex mandataria luego de la muerte de Kirchner. A diferencia de la mayor parte de su producción discursiva, en esta oportunidad, Fernández de Kirchner emitirá un discurso, grabado con anterioridad, desde el despacho de la Casa Rosada, mirando hacia la cámara. Haciendo foco en ese primer discurso, Cingolani (2015) propone una clasificación de tres grandes modalidades enunciativas: *la mediación, el espectáculo* y *el contacto*, dado que "la puesta en escena televisiva articula una enunciación consistente en una suerte de 'diálogo' entre un *primero* y un *segundo*, pero tiene como principio regulador el *tercero* construido en esa escena" (p.192). En el primer caso, se trata de aquellas entrevistas o debates televisivos, en los que el/los periodista/s funcionan como mediadores entre el/los político/s y los ciudadanos. En esta modalidad, *primero* y *segundo* son roles intercambiables, al tiempo que el *tercero* es la voz que se lucha por representar. En la segunda modalidad, del *espectáculo*, el gobernante se dispone en un espacio que comparte con un auditorio, sobre los que posa su mirada, destinatarios del contacto. La tercera modalidad, la del *contacto*, es en la que particularmente nos detendremos aquí, dado que es aquella que se corresponde con el primer discurso emitido por Fernández de Kirchner luego de la muerte de su marido, aquel del primero de noviembre y que condensa lo que aquí denominamos el *ethos íntimo*. En la modalidad del *contacto* "mirando a cámara y situado en un espacio-sinécdoque de su figura institucional (despacho, escritorio, residencia oficial), el cuerpo del gobernante interpela directo al receptor televisivo en tanto ciudadano" (p. 193). En esta modalidad, *segundo* y *tercero* se homologan, disolviéndose en una misma figura.

Hasta el momento, los discursos pronunciados por CFK no comportaban una mirada directa a la cámara, lo que le impedía dirigirse simultáneamente a receptores y ciudadanos (Cingolani, 2009, 2015), dado que "el espectador mediático de la escena solo tiene una relación representacional con el destinatario del contacto, quedando fuera de escena, y pudiendo reingresar solo bajo un proceso de identificación" (Cingolani, 2015: 193). En este caso, sin embargo, la puesta en escena del discurso se corresponde con *la modalidad del contacto,* modalidad reservada para contadas ocasiones:

> En contraste con su habitual disposición –enérgica, estridente, conductora, generadora a su alrededor de un espacio voluminoso, plasmada enunciativamente en televisión bajo una modalidad espectáculo–, el tono anímico está en una escena de otra escala, clara e íntima, centrada en el contacto. Enunciado y enunciación cambiaron al unísono (Cingolani, 2015: 195).

Sentada en el despacho y visiblemente emocionada, el macroacto de habla que compone el discurso del primero de noviembre es el de *agradecer*. Grabado unas horas antes de ser emitido, la ex presidenta sienta la primera diferencia que será blanco de críticas durante todo el período venidero: la diferencia entre lo íntimo y lo político, entre lo privado y lo público. ¿Qué queremos decir con esto? Si atendemos a las distintas publicaciones de la prensa opositora y de las declaraciones de algunos políticos también opositores, gran parte de los argumentos que buscaban deslegitimar la palabra de la ex mandataria recaían en lo insoportable de la viudez y, por lo tanto, en la imposibilidad de seguir gobernando después de la pérdida de su esposo. Sin embargo, apenas iniciado este primer discurso que estamos analizando, CFK dirá:

> 1- He leído o escuchado que este es mi momento más difícil, en realidad es otra cosa, es mi momento más doloroso. El dolor es algo diferente a las dificultades o a las adversidades. Yo he tenido en mi vida política y en mi gobierno, en particular, muchísimas dificultades y muchísimas adversidades, pero el dolor es otra cosa... es el dolor más grande que he tenido en mi vida, es la pérdida de quien fue mi compañero, durante 35 años, compañero de vida, de lucha, de ideales (01 de noviembre de 2010)

Conviven, en este nuevo *ethos*, la mujer viuda –ahora, mujer dolida, que expone su pena ante la multitud– con la mujer política. Se perfila entonces una imagen distinta de la que venía construyendo CFK: la de la viudez, que se complementa con otras imágenes de sí que componen el discurso de Cristina, la de mujer, la de madre, la de militante, la de política. Sin embargo, la exposición de su dolor no va en desmedro de su capacidad política pues, como dirá en este mismo discurso, "siento que de mí depende la suerte de todos los argentinos"; y, además de gobernar, ahora otra responsabilidad se hace carne en la figura de CFK, "la de hacer honor a su memoria [la de NK] y hacer honor a su gobierno que transformó y cambió el país".

En términos políticos y, también, claro está, en términos de funcionamiento discursivo, CFK pudo capitalizar rápidamente la muerte de su esposo creando una comunidad de identificación frente al dolor. La *irreparable pérdida* funcionó como cohesionadora y creó un nuevo vínculo con el *prodestinatario*, frente a este *otro*, inaceptable, que ahora no solo cuestiona medidas económicas, políticas, sociales, sino que se inmiscuye en la vida íntima de la enunciadora. Cambian, en este sentido, la construcción de su lugar de enunciación y, correlativamente, los argumentos por los cuales se cuestiona al *contradestinatario*. Analizaremos, en este apartado, ambas cuestiones.

Resulta menester realizar aquí una aclaración: en este apartado analizamos el *ethos íntimo*, en el que se enfatizan ciertas disputas en torno a los estereotipos de género y en el que este *ethos* se construye de manera esencialmente dialógica, recuperando las críticas que eran esgrimidas, fundamentalmente, desde la prensa. Sin embargo, la pertenencia genérica y la identificación con este colectivo no resulta exclusiva de este período analizado, sino que se conforma como uno de los elementos más importantes a la hora de erigir un tipo especial de liderazgo político y del que daremos cuenta en el próximo capítulo de nuestro trabajo. Por tanto, nos limitaremos a analizar estos significados que se disputan en el espacio público *sobre CFK en tanto mujer-viuda* y, en el próximo capítulo, dedicado a caracterizar el liderazgo político, abordaremos, de manera más general, la enunciación de CFK desde su pertenencia genérica, no vinculada exclusivamente a la muerte del ex presidente. Por otro lado, el *ethos íntimo* que abordamos aquí se compone de otras aristas que no se reducen a las cuestiones relativas al género, sino que configuran una *escenografía* diferente, de mayor intimidad con los otros participantes de la escena enunciativa.

En primer lugar, como es propio de esta nueva *escenografía íntima*, se suceden a lo largo de los discursos referencias explícitas a cuestiones que dan cuenta de la cotidianeidad del vínculo con NK, lo que configura un discurso más afectivo que enfatiza el profundo dolor. Sin embargo, esta nueva mujer que se construye en el discurso, como decíamos, no está exenta de compromisos políticos. Es decir, el lugar de enunciación se modifica correlativamente en dos carriles: por un lado, se construye un discurso modalizado afectivamente que busca establecer un vínculo con los partidarios a partir del reconocimiento del dolor de la pérdida y, en este sentido, CFK se muestra como una mujer dolida, en situación de duelo; por el otro, correlativamente, con el dolor y a pesar de él, CFK se hace eco de la consigna de "Fuerza, Cristina" que comenzara a ser esgrimida por sus seguidores desde la muerte de NK y que servirá como consigna para el lanzamiento de la reelección en 2011: "fatal condensación de una instancia pública y otra privada (…) su figura corpórea será signo público de la fusión de ambas instancias" (Cingolani, 2015: 196).

Decíamos que el lugar de enunciación de CFK a partir de la muerte de Néstor Kirchner se modifica en dos vías. La primera de ellas se visualiza en el hecho de que aparece un discurso afectivo que da cuenta del dolor de la pérdida, con reiterados anclajes en cuestiones íntimas y en las que, podríamos afirmar, CFK se asume víctima de un dolor que la deja en soledad, expuesta a un fragilidad que funciona como blanco de críticas por parte de la oposición. Por la segunda vía, vinculada a lo político, se capitaliza el duelo en función de generar una imagen de mujer *fuerte*, esto es, resistente, luchadora, coincidente con los modelos de conducta a los que apela en su discurso. Analizaremos cada uno de estos movimientos argumentativos, empezando por el primero:

> 2- Una parte mía se fue con él, está en Río Gallegos. Pero no es este un momento para utilizar la cadena nacional para terapia emocional, sino para agradecer (01 de noviembre de 2010)

> 3- Quiero contarles que el día que me casé con Néstor, hace un poco más de 35 años, diluviaba y fuimos juntos en estos 35 años que pasamos una mujer y un hombre muy felices. Y la mejor manera de homenajearlo es seguir

adelante con fuerzas este proyecto nacional, popular y democrático, este proyecto de redistribución de la riqueza, este proyecto de dignidad e integración regional que hemos logrado (02 de diciembre de 2010)

El pasaje de lo íntimo a lo político, de lo privado a lo público, permea la mayor parte de los fragmentos, en los que se entrecruzan la vida de pareja con la vida política, la narración de la historia de una pareja feliz, y el paso a la concreción de un proyecto "nacional, popular y democrático" que honre la memoria de su esposo. La intimidad de la pareja y de los sentires de la enunciadora son expuestos ante el pueblo, en una especie de confesionario multitudinario, de *terapia emocional*. Además, dado que la mayor parte de los discursos con los que trabajamos responden a la modalidad del *espectáculo* a la que aludimos anteriormente, bien podría leerse esto en esos términos: al obviar la presencia de la cámara, los discursos ocurren como si CFK estuviera dialogando con sus funcionarios o seguidores. Los destinatarios de estos discursos, como podemos inferir, no pueden ser más que aquellos que ya adhieren al proyecto que representa CFK, del cual resulta síntesis el pasaje "perdónenme si les cuento estas cosas pero siento necesidad de hacerlo" (27-04-11). CFK suspende transitoriamente lo que aquí identificamos como *ethos magistral* y comienza a compartir sentires, anécdotas, historias, en fin: dolores. Vemos, entonces, la proliferación de discursos en los que la enunciadora se dirige de manera informal y voseante a miembros de su gabinete o bien a personas que se encuentran en los recintos en los que enuncia sus discursos: "Che Lino, ¿cuánto era que cobrabas?" (01-03-11); "Decime "Ganzo" cómo estaba Puerto Madryn en el 2003 y contános cómo está ahora" (12-03-11); "Vos, "Tano", acordáte la lágrima que era Comodoro en el 2003 y mira a la Comodoro de hoy, pujante y rebosante" (12-03-11).

Observamos en estos pasajes recursos lingüísticos y semióticos más vinculados a una interacción cara a cara que a un mensaje presidencial. A su vez, como decíamos al inicio de este capítulo respecto del vínculo que establece CFK con la cámara, en los ejemplos reproducidos, CFK se dirige a personas que están en el recinto, obviando que el discurso está siendo transmitido, en ese instante, a millones de personas. Esta *informalidad* que comporta el discurso de CFK coincide con lo que Arnoux (2008) identifica en el discurso de Hugo Chávez como *dialogismo generalizado expuesto*, para dar cuenta de un tipo de discursividad en la que el dialogismo constitutivo de todo enunciado "es expuesto notablemente con marcas recurrentes en la superficie textual" (p. 108). ¿Cuáles son las características que adquiere esto en la discursividad de la ex mandataria? En primer lugar, la interpelación en segunda persona del singular; en segundo lugar, la introducción de términos (vocativos, interpelativos, nominativos) que replican una conversación cara a cara ("Che, Lino", "Decime, Ganzo", "Acordate") y la incorporación de un lenguaje informal ("no se hagan los rulos", "y por el mismo precio para el caballero y la dama"); en tercer término, el predominio de recursos semánticos del dominio del afecto; por último, la inclusión de escenas de la vida cotidiana, ya sean presentes o pasadas. Veamos otros ejemplos:

> 4- Bueno, pero la verdad que no lo veo [a los partidos de fútbol], sí él, que no se despegaba del televisor mirando no solamente a Racing, veía todo. Cualquier cosa que fuera 22 corriendo atrás de una pelota, lo miraba, era impresionante (24 de febrero de 2011)

> 5- Ustedes cuando le larguen veneno y odio, larguen amor, amor, amor y amor. Contra el amor no se puede (20 de abril de 2011)

La enunciadora parece quitarse la investidura presidencial y establecer un diálogo de pares, rompiendo con ciertas formalidades propias de los discursos políticos y, fundamentalmente, de los discursos presidenciales. Nuevamente, los *prodestinatarios* aparecen como el destinatario exclusivo del discurso de la ex mandataria: es a ellos a quienes se les pide que respondan con amor. Las expresiones de afecto y evaluaciones pueblan la producción discursiva que estamos analizando y refuerzan esta comunidad de pertenencia. Por supuesto que todas las unidades léxicas son, en cierto sentido, subjetivas; aunque la carga subjetiva depende de las elecciones que el sujeto de la enunciación realiza y es aquí donde, coincidiendo con Kerbrat-Orecchioni (1986) podemos afirmar que *"el eje de oposición objetivo/subjetivo no es dicotómico sino gradual"*[36] (p. 94). En el caso del *discurso subjetivo* "el enunciador se confiesa explícitamente ('lo encuentro feo') o se reconoce implícitamente ('es feo') como la fuente evaluativa de la afirmación" (p. 93).

Lo que podemos reconocer en el período de preeminencia del *ethos íntimo* que estamos aquí analizando es la recurrencia de elecciones léxicas que dan cuenta de un discurso *más subjetivo* y que, por tanto, suponen una evaluación o posición más explícita del enunciador frente al enunciado: de ello es prueba, por ejemplo, la utilización de la expresión *no despegarse del televisor* –(4) – o *largar veneno, largar amor* – (5) – y que conlleva, como todos los *verbos intrínsecamente subjetivos* (Kerbrat-Orecchioni, 1986) una evaluación, con fuente en el sujeto de la enunciación, sobre el proceso que se denota. Lo mismo puede decirse del uso de *adjetivos afectivos* que, para citar algunos ejemplos, aparecen para caracterizar a Comodoro Rivadavia: en el 2003, esa ciudad, era *una lágrima*, ahora está *pujante, rebosante;* y para referirse al fanatismo de NK con el fútbol: *era impresionante*. Para Kerbrat-Orecchioni (1986), este tipo de adjetivos, no solo expresan una propiedad del objeto al que se refieren sino, fundamentalmente, una "reacción emocional" (p. 111).

---

[36] Las cursivas son del original.

Como dijimos, correlativamente a la mostración del duelo, la imagen de CFK aparece fortalecida por la idea de un *dolor vivido,* un dolor que funciona como argumento para dar cuenta de su propia fuerza, poniendo lo político por encima de lo personal:

6- Pero yo quiero decirles algo, con todo el dolor que llevo adentro, con toda esta inmensa tristeza que tengo por la pérdida irreparable, quiero darles la garantía de que voy a seguir inquebrantablemente frente a mi pueblo, frente a nuestra sociedad gobernando, tomando todos los días cada una de las medidas que nos han permitido en estos años tener el país que hoy tenemos y que es un país que ni siquiera nos atrevíamos a soñar allá por el año 2003, porque hasta que llegó él a los argentinos nos habían hasta quitado los sueños (…) y pudimos demostrar a nosotros mismos y al mundo que este modelo económico y social que hace hincapié en un fuerte desarrollo del mercado interno, que hace pie en esos más de 5 millones de puestos de trabajo, en la jubilaciones incorporadas, en la Asignación Universal por Hijo, en las más de 500.000 soluciones habitacionales a lo largo y a lo ancho del país, a partir de las más de 1047 escuelas inauguradas en todo el país; obras en más de 115 universidades; salarios de nuestros universitarios, becarios e investigadores como nunca se ha visto, esto es ponerle orden a un país, ese es el orden que merece un país (14 de diciembre de 2010)

7- A las mujeres, a los chicos, quiero decirles que son ustedes los que me dan fuerza, que cuando siento que se me pone difícil, tomo contacto con todos ustedes y es como que viniera fuerza de otra parte. Estoy segura que ustedes son el hilo conductor, la polea de transmisión que él me manda de algún lado para tener toda la fuerza que tengo que tener para seguir adelante, junto a todos ustedes, chubutenses, patagónicos, argentinos, hombres y mujeres (12 de marzo de 2011)

El gesto de poner lo político por encima de lo íntimo funciona también como respuesta a las críticas que recibía y que ponían en duda su capacidad para continuar gobernando y que caracteriza a este *ethos* como un *ethos* dialógico. La enumeración de los logros de las gestiones, visible en (6), legitima la capacidad de la enunciadora para seguir en funciones. Se observa, también, el paso de los colectivos particulares (chubutenses, patagónicos, trabajadores, productores, etc.) a colectivos más abarcadores (argentinos, hombres y mujeres). Este movimiento argumentativo le permite a la enunciadora superar los particularismos y proclamarse como aquella que vela por los intereses de la Nación, a pesar de la *inmensa tristeza* producto de la *irreparable pérdida.* Además, dadas las condiciones que estamos analizando, la estrategia de proclamar su capacidad para gobernar, se hace en tanto la enunciadora *garantiza* continuar *inquebrantablemente* frente a su pueblo.

Decíamos que, correlativamente al cambio en las posiciones de enunciación de CFK, se produce un cambio en el argumento al que apelaban los contradestinatarios. El duelo pobló la opinión pública y la muerte del ex presidente se transformó en el argumento por excelencia tanto para seguidores como detractores. Entre estos últimos, los medios de comunicación ocuparon sus páginas y horas de aire para debatir sobre el tema, teniendo como eje la supuesta debilidad de la presidenta y, por lo tanto, la imposibilidad de continuar en el cargo. A las críticas y cuestionamientos ya explicitados en el capítulo anterior, ahora se le sumaban aquellos de índole psicológica: ¿estaba apta la presidenta para desempeñarse como tal?

8- Pero, a partir del 27 de octubre, se agregaron a todo lo que ya venía siendo descalificación, agravio, ficciones, mentiras, dos capítulos nuevos: medicina y psicología. O sea, a partir del 27 de octubre, de repente muchos devinieron –esos que escriben en letras de molde, algunos, no todos, algunos, sería injusto generalizar- en psicólogos que me auscultaban mis estados de ánimo, en médicos que diagnosticaban si la baja tensión era por estrés. Pero la verdad que este fin de semana lograron llamarme poderosamente la atención, porque dijeron que me había ido a Calafate a descansar y a pensar qué iba a hacer. Yo, en realidad, como todos los saben, porque además lo comunicamos públicamente, este fin de semana, que fue el Día del Padre, porque además de Presidenta soy mujer y soy mamá, que no se olvide nadie… Este fin de semana fui a acompañar en el primer Día del Padre, una cosa tan simple y tan sencilla que creo que no necesita de psicólogos ni de médicos, a mi hijo y no a pensar qué iba a decidir (21 de junio de 2011)

Claro está, la base de la discusión respondía a ciertos estereotipos de género: la ex mandataria, mujer, ahora viuda, no estaba en condiciones psicológicas de hacerse cargo de la Presidencia de la Nación: "muchos pensaron y seguramente pensarán que no estando él les va a ser más fácil, pero quiero decirles que él desde algún lugar me da la fuerza" (14-12-10). La descalificación de los discursos circulantes en torno al duelo y que intentaban forjar la imagen de una mujer débil, incapaz de continuar con sus compromisos políticos, es rápidamente cuestionada. La polémica sobre esos estereotipos de género se comprende mejor si pensamos en las imágenes de mujeres que CFK utilizó como modelos, como ejemplos de conducta –Madres y Abuelas de Plaza de Mayo, Eva Duarte–, figuras vinculadas a la lucha y el sacrificio. "[CFK] No se asocia a sí misma con la imagen divina sacrificial de las mujeres ligada a la figura de lo materno como constructo cultural latinoamericano, aspecto que ha sido una imagen importante de análisis dentro de la historiografía feminista" (Valenzuela Somogyi, 2015: s/p) sino más bien, asimila su liderazgo a la idea de las mujeres como trabajadoras, enérgicas, decididas. Sin embargo, sin negar el carácter indeleble que significó Eva para la historia política de Argentina en general, y del movimiento de mujeres en particular, es cierto que su imagen, cuando no aparece representada como la *Evita Montonera*, como la *Eva política, combativa*, se vincula a un rol maternal: Eva es la madre de los descamisados. Y además, actúa como intermediaria entre el pueblo y el General Perón, lo que coadyuva a pensar a la mujer en el marco de una metáfora familiar, más sensible y empática, capaz de mediar entre uno y otro polo. Son estos ejemplos, los que nos muestran que enunciar desde el género, en el discurso de Fernández de Kirchner, comporta elementos paradójicos y un sinnúmero de oscilaciones que no permiten –tampoco vemos por qué habría de hacerlo– identificarla con un *tipo de mujer*, sino que enfatizan el carácter esencialmente no unívoco de cualquier identidad.

5. El fundador innombrable

Él está mirando desde algún lado, lo sé, está mirando desde algún lado. Está acá, ¿no es cierto? Díganme que sí. Sí, está con ella, está con ustedes, está en cada uno de ustedes (15-08-2011)

Como venimos describiendo, a partir de la muerte del ex Presidente, el discurso de Cristina Fernández sitúa a la imagen de su marido en el centro de la escena. El relato de algunos aspectos biográficos –relativos a la vida privada de la pareja y la familia– aparece inmerso en un contexto más amplio, en el que la figura de Néstor Kirchner se vincula con el heroísmo y el sacrificio públicos. Parte de la riqueza discursiva de estos aspectos está dada por el uso de la tercera persona cuando Fernández de Kirchner refiere a su difunto esposo: Él. Hay algo en relación a lo innombrable que se desprende de este uso, pues de todas las posibilidades de nombrar a NK, la enunciadora elige esta, que no consiste en llamarlo por el nombre, ni por el apellido, ni siquiera por las funciones políticas cumplidas, ni por el lazo marital: Néstor Kirchner es Él. La comparación no tarda en aparecer: en la cultura occidental, al menos, esta tercera persona se utiliza para referirse a dios. Dios es, por definición, omnipresente y esta característica también le será atribuida al ex mandatario argentino:

9- No tengan dudas, él vive en esta fábrica, él vive en la Universidad Jauretche, él vive en el hospital del Cruce, él vive en las cloacas, él vive en el agua corriente, en el agua potable, en las viviendas, en cada uno de ustedes, en cada pibe, como cantan ustedes, que quiere la Asignación Universal, en cada jubilado, en cada argentino que ha aprendido que decir "patria" no nos debe dar vergüenza, que al contrario, nos debe dar orgullo (13 de octubre de 2011)

Otra interpretación sobre el uso de la tercera persona mayestática, es posible y, de manera embrionaria, es planteada por Flax (2013). Lo que nos interesa del análisis que realiza la autora está en la sugerencia, a la que adherimos, acerca de que la utilización del pronombre masculino de la tercera personal del singular opera como fuente de legitimación. Si comparamos esto con el análisis que Sigal y Verón (2008) realizan del dispositivo enunciativo peronista, podríamos asociar este uso a la cuestión del *enunciador primero* y los *enunciadores segundos*. En dicho dispositivo enunciativo, el enunciador primero era el General Perón, único autorizado para hablar en nombre del pueblo:

> Mientras Perón está en vida, en el colectivo plural "los peronistas" no puede haber ni profetas, ni evangelistas, ni padres de la Iglesia: solo mártires, que es la forma suprema de la lealtad. La intransferibilidad de la enunciación expresa simplemente el funcionamiento de la *persona física* de Perón como colectivo singular, del cual el "Nosotros" peronista es absolutamente inseparable (Sigal y Verón, 2008: 131).

La Juventud Peronista, Evita y demás podían funcionar como *enunciadores segundos*, reformulando e interpretando las palabras del líder, con las consecuencias que ello supuso[37]. En nuestro caso de estudio, la palabra de NK, pronunciada por su esposa, goza de legitimidad y prestigio, fundamentalmente para la joven militancia. Esto es así en tanto, al interpelar a un *prodestinatario* que, como tal, ya adhiere al marco de creencias en el que se inscribe la enunciadora, la apelación a la figura de NK, que sintetiza lo realizado por el kirchnerismo, se torna fuente de legitimación.

Ahora bien, ¿qué significados se le atribuyen a la imagen de NK? Siguiendo la reflexión de Bubenik y Simison (2012), se dilucidan, en el discurso de CFK, tres ideas-fuerza en torno a la imagen de Kirchner posterior a su fallecimiento: la de *fundador*, la de *salmón* y la de *juventud maravillosa*. Dejaremos esta última para el siguiente apartado y nos detendremos ahora en las dos primeras. En primer lugar, observamos –tal como ya aparecía en los discursos de CFK en relación al Bicentenario trabajados en el anterior capítulo–, el establecimiento de un recorte temporal, en el que el año de asunción de Kirchner funciona como punto cero. Lo anterior, el infierno; lo posterior, la realización de un sueño que parecía imposible. En este sentido, Kirchner se erige como *fundador*. La *salida del infierno* con la que se vinculaba la gestión de Kirchner resumió este componente heroico que estamos analizando: un *pingüino*, electo apenas con el 22% de los votos, había logrado sacar al país de una de las mayores crisis políticas e institucionales de los últimos tiempos:

> 10- Claro que sí, somos y seremos pingüinos, bien pingüinos, como ellos, sufridos, como ellos, trabajadores, viniendo de aquí para allá y como ellos también creyendo únicamente en los proyectos colectivos y no meramente en los proyectos individuales (12 de marzo de 2011)

---

[37] Ver, al respecto, página 115 y ss. de Sigal y Verón (2008).

11- Quiero remarcar siempre que a mí me gustaría que si alguna vez nos recuerdan a él y a mí, cuando pasen muchos años, nos recuerden como los que fundamos o refundamos, porque antes lo habían hecho nuestros próceres… (23 de julio de 2011)

Un visionario, un pingüino, un hombre con valentía y coraje; en fin, un fundador: tales son los atributos que el discurso de Cristina Fernández le adjudica a su esposo. La segunda idea-fuerza relacionada a la figura de Kirchner es la del *salmón*, que refuerza la imagen sacrificial de un hombre que deja la vida por el país:

12- El otro día alguien me decía recordándolo a Kirchner: "él fue como un salmón" fue contra la corriente, desovó, entregó y saben qué pasa, los salmones mueren luego de desovar y nadar contra la corriente (18 de noviembre de 2011)

Dar la vida por el país es, sin duda alguna, un acto de sacrificio y heroísmo. Y así lo recuerda CFK:

13- Nosotros le habíamos pedido que no fuera [al acto de la Juventud Peronista en el Luna Park], que no le iba a hacer bien, pero bueno a él cuando se le ponía algo en la cabeza era imposible desviarlo en lo objetivo. Por eso la Argentina pudo hacer las cosas que hizo tan bien en estos años (22 de febrero de 2011)

Kirchner es, entonces, *fundador* y, además, *salmón*, alguien que nada entre las adversidades hasta resignar su propia vida ("no solamente puso la otra mejilla, también puso la vida por esta Argentina a la que tanto quiso y amó" [13-10-11]), que cumple un deseo en apariencia irrealizable y devuelve la dignidad al pueblo argentino. Tales construcciones se vinculan con otros dos atributos: la *locura* y la *utopía*. Para hacer las cosas que el kirchnerismo logró, según CFK, había que estar un poco loco y "más loco que Néstor no hubo nadie ni nunca lo habrá en este país" (26-08-11). La utopía, visualizada no como sueño irrealizable sino como "el objetivo que se fija una sociedad para seguir creciendo y progresando" (29-09-11), los une a ambos bajo la caracterización de *soñadores*. En ambos casos, hay un *otro* –negativo– que es quien identifica a Kirchner y a Fernández de Kirchner con estas características: "Siempre nos decían, bueno, 'son soñadores, no se pueden hacer las cosas'" (29-09-11).

Vimos, entonces, las características más sobresalientes del discurso de CFK respecto de la figura de Kirchner. Por un lado, el uso de la tercera persona mayestática, que recuerda la simbología cristiana y construye a Kirchner como un ser omnipresente. Por otro lado, analizamos también los sentidos atribuidos a su imagen y figura: sacrificio y heroísmo, fundamentalmente, que se fusionan en la tipificación de Kirchner como un *loco*, un *utópico*, un *salmón*, dispuesto a entregar su propia vida por el beneficio de la

Nación. Un *fundador*, también, al inaugurar un período que condensa los sueños imposibles que la sociedad argentina había depositado luego de la crisis de 2001 y que resalta algo del orden de lo épico.

Existe un último punto que quisiéramos resaltar, dado que consideramos, enfatiza esta imagen de sacrificio y heroísmo que venimos describiendo. Uno de los íconos que, si bien fue anterior a su fallecimiento, adquirió una relevancia inusitada a partir de ello, fue lo que se denominó el *Nestornauta* o *Eternéstor*, una mutación del héroe creado por Oesterheld y Solano López en la década el '50. De la odisea de Juan Salvo –víctima de una invasión extraterrestre– y de la conocida militancia de Oesterheld, nacen los paralelismos que fueron utilizados para la creación del *Nestornauta*. Como apunta oportunamente Francescutti (2015), el *Nestornauta* es un

> Icono cargado de significaciones alusivas a ciertas maneras de entender la argentinidad contemporánea. Tiene además la particularidad de ser un símbolo derivado, surgido de la resemantización de otro preexistente (el Eternauta) a resultas de una acción de propaganda política (Francescutti, 2015: 29).

El *Nestornauta* fue usado por primera vez en un acto de la juventud kirchnerista, encabezado por la agrupación *La Cámpora*, bajo el lema "Néstor le habla a la juventud, la juventud le habla a Néstor. Bancando a Cristina", el 14 de septiembre de 2010, en el Luna Park. En ese acto, se esperaba que Kirchner fuera el orador principal pero, una operación de urgencia los días previos, lo obligaron a asistir al acto pero sin tomar el micrófono, que quedó a cargo de Cristina. "Desafiando el protocolo médico que indicaba una semana de reposo y 30 días de tranquilidad, Néstor Kirchner volvió a la vida pública", explicaba Ámbito Financiero. En los laterales traseros del escenario del Luna Park, se encontraban dos gigantografías que reproducían al Nestornauta y sobre las que estaba impreso el slogan con el que se convocó al acto; y, sobre al atril desde el que habló la ex presidenta, un banner cubría el frente mostrando el rostro sonriente de Kirchner *disfrazado* de Nestornauta. Las únicas modificaciones que se le hicieron a la imagen original fueron, en primer lugar, la omisión del fusil que colgaba sobre el brazo derecho del personaje y, en segundo lugar, la sustitución del rostro del protagonista del cómic, por el de Néstor Kirchner.

> En el caso estudiado, observamos un modelo de construcción heroica mítica que, en términos generales, exacerba características "guerreras" del héroe y mantiene una estructura de relato de Cotidianeidad Negativa (CN) (Cf. Roig, 1984), pues plantea un relato en el cual el héroe se rebela contra una realidad que lo oprime o bien encuentra injusta, asumiendo el rol de portavoz de una clase o grupo social. El héroe asume la misión de "develar" y/o "reparar" el daño social, político o cultural, dentro de un relato preconcebido para exceder el esquema de héroe, convirtiéndolo al personaje en mito. Para

ello, es fundamental reconstruir retrospectivamente un pasado ajustado a las necesidades del presente, delimitando y direccionando el sentido, siempre abierto, tanto del presente como del futuro (Fernández y Gago, 2011: s/p).

La aparición del *Nestornauta*, junto al discurso de CFK, realzan lo que se ha denominado como el *ethos militante* de Néstor Kirchner (Montero, 2012a). Además, el *Nestorauta*, que poblaría los actos del kirchnerismo, nos trae la imagen de Oesterheld, un intelectual desaparecido durante la dictadura. Los DD.HH. vuelven a ubicarse en el centro de la escena, con Kirchner como aglutinador de los grandes logros de la gestión entre los cuales la política de DD.HH. funciona como cohesionadora. Un héroe resistiendo de los invasores, en el caso del personaje del *Eternauta*; otro héroe resistiendo los embates de los grandes grupos de poder, en el caso de Kirchner.

Situados en este punto, podemos observar de qué modo se van aglutinando, en el discurso de la ex mandataria, distintas sentidos en torno a la figura de NK; sentidos que van de lo personal a lo político, estableciendo el *mito del origen* como momento nodal que aglutina esta serie de demandas. La cuestión del mito resulta, a nuestros fines, de suma importancia: ¿es Néstor Kirchner erigido como mito?, si así fuera, ¿en qué sentido?

Biset (2012) dedica su artículo a discutir la oposición entre mito y razón y, consecuentemente, la posibilidad de pensar en la construcción de un mito y su fijación como mitología una vez producida la muerte de Kirchner. Desde la filosofía, el autor nos sitúa en el quiebre que produce el kirchnerismo en general y la muerte de Kirchner en particular, para ver en eso un cierto retorno a la política, la posibilidad de pensar a esta última en términos positivos. Si la política estatal anterior al kirchnerismo era, o bien una "zona gris entre gestión económica y tranza mafiosa" (p. 138) o bien una exterioridad, un mal absoluto, para el autor, el fallecimiento del ex presidente significó, utilizando una expresión de Hegel, el *fin de las almas bellas*: "La expresión hegeliana 'almas bellas' nombra aquí la conformación de un emplazamiento donde se constituía epocalmente cierta subjetividad política" (p. 138), aquella, propia de los '90, caracterizada por un alejamiento de todo lo vinculado con la política, una subjetividad cuya integridad surgía de la no contaminación con lo estatal. En este sentido, en primer lugar, propone ubicar a la muerte de Kirchner en el marco de un *mito político*, dado que no oculta o transforma una realidad, sino que la crea:

> El mito surge cuando los límites entre vida y muerte se vuelven difusos, esto es, cuando la finitud de la corporalidad da lugar a una fuerza, a una vida más allá de la muerte. Si el luto es un viejo momento mítico-político es porque la muerte abre a una sacralización, retira un cuerpo del ámbito común de los vivos e inaugura una sobrevida que interpela no en una fe privada, sino en la participación pública. De hecho, la distinción entre público y privado, parece perder sus márgenes cuando aquello que parece intransferible, na-

die puede vivir la muerte por otro, se transfigura en nacimiento común (Biset, 2012: 142).

Sin embargo, dirá posteriormente, lo que se produce tras la muerte de NK es la fijación del mito en una mitología, que tiende a construir al kirchnerismo en una especie de religión –con la correspondiente mitologización de un hombre excepcional, NK– y que genera una identificación de tipo apologética.

Excede las páginas y el objetivo de este trabajo dilucidar si el kirchnerismo se constituye como mitología o no. Sin embargo, sí podemos decir que aparece en Kirchner, luego de su fallecimiento, la emergencia de un *mito del origen*, en el que NK es *fundador y héroe*. Comprendemos el mito, a la manera de Barthes (2014), como un *sistema semiológico segundo:* el signo del primer sistema se vuelve significante en el segundo; "se trate de grafía de letras o de grafía pictórica, el mito solo reconoce en ellas una suma de signos, un signo global, el término final de una primera cadena semiológica" (pp. 205-206). Es este último término el que se convertirá en primer término del sistema semiológico. Esta definición de mito retoma Aboy Carlés (2001, 2003), advirtiendo la coincidencia que, según su punto de vista, se encuentra entre la noción de mito, en Barthes, y la de significante vacío, en Laclau. Entendiendo al *significante vacío* como "la posibilidad de vaciamiento de un significante" (Aboy Carles, 2001: 58), vaciamiento siempre parcial, nunca completo pues "todo nuevo sentido se juega en un campo donde existe una sedimentación previa" (p. 58), para el autor el lugar del significante vacío no puede ser otro que el de la construcción mítica[38].

El emergente de esta muerte, un discurso de CFK que habla por y gracias a su esposo y al que le atribuye una serie de tópicos que hemos venido describiendo en estas páginas, en el que se consagra una imagen que recupera la militancia setentista, erigen este mito del origen en el que Kirchner se figura como el aglutinador de la serie de demandas que el proyecto kirchnerista resignifica.

6. La interpelación a la juventud

¡Qué maravilla tener jóvenes que no tiren piedras sino que agiten las banderas! ¡Qué maravilla tener jóvenes como ustedes en las máquinas de trabajo, extendiendo las telas, haciendo las zapatillas, cosiendo y con la ilusión de que una nueva nave se abrirá para que otros jóvenes también se incorporen! (08-08-11)

---

[38] El ejemplo al que apela Aboy Carlés (2001), presente ya en Laclau, es aquel de la figura del *Perón del '73*: un significante que solo puede ser comprendido en tanto recupera mucho de lo que su figura significaba en el período 1945-1955.

Como dijimos al inicio del presente capítulo, el macro acto de habla del primer discurso emitido por CFK luego del fallecimiento de Néstor Kirchner –aquel pronunciado el primero de noviembre– es el agradecimiento, y los jóvenes son los destinatarios privilegiados en esta nueva *escenografía*, blanco de la mayoría de las estrategias enunciativas a las que apelará CFK:

> 14- Quiero decirles a todos esos jóvenes que en cada una de esas caras yo vi la cara de él cuando lo conocí, ahí estaba el rostro de él exacto. Y decirles a esos jóvenes que tienen mucha más suerte que cuando él era joven, porque están en un país mucho pero mucho mejor, en un país que no los abandonó, en un país que no los condenó ni persiguió. Al contrario, en un país que los convocó, en un país que los ama, que los necesita, en un país que vamos a seguir haciéndolo distinto entre todos (01 de noviembre de 2010)

La identificación entre aquel Kirchner joven que recuerda su esposa y esos jóvenes a los que se dirige, recurso al que la enunciadora apela en varias oportunidades, genera un especie de lazo de retroalimentación afectiva: ella lo ve a él en sus rostros, ellos *la bancan*, le transmiten la fuerza necesaria para continuar gobernando. La irrupción de la militancia juvenil, el acrecentamiento de los números de militantes que, como fue usual escuchar, *se incorporaban a la política*, fue un hecho sin precedentes que marcó la muerte del ex presidente. La agrupación *La Cámpora* ya había realizado dos actos durante el año 2010[39]; sin embargo, ninguno de ellos fue tan significativo como el despliegue de jóvenes que asistieron al funeral de Kirchner y que, posteriormente, comenzaron a tener una participación activa en los diferentes actos convocados desde la presidencia. Las razones de esta nueva incorporación exceden nuestros objetivos; lo cierto es que el discurso de la ex mandataria colocó a la juventud en el centro de la escena y, después de muchos años, los jóvenes volvieron a ser interpelados por el Estado, un Estado que no negaba su discurso esencialmente político sino, por el contrario, lo ensalzaba. Las discusiones no tardaron en aparecer: ¿les interesaba la militancia de base o la disputa de cargos en la función pública? Por supuesto, tal pregunta carece de sentido para nuestro trabajo pero es interesante señalarla ya que sirvió como crítica de parte de los sectores que se oponían al kirchnerismo.

Vázquez (2013) propone pensar a la *juventud militante kirchnerista* como *causa pública* que, como tal, comporta efectos performativos: genera adhesiones y movilizaciones. La construcción de la causa pública, de acuerdo a la autora,

> involucra un conjunto de saberes (militantes, políticos, académicos), un repertorio de acciones (ofrecer discursos, consagrar mártires, fechas emblemáticas, diseñar e implementar políticas públicas, realizar actos, con-

---

[39] Los actos a los que referimos se realizaron el 11 de marzo, el día del Homenaje al triunfo electoral de Héctor Cámpora, y el 14 de septiembre, en el estadio Luna Park.

sagrar símbolos, repertorios de acciones militantes, formas de entender el compromiso, etcétera) asociadas a una serie de autoridades legítimas (la presidenta de la Nación, los responsables de áreas estatales y políticas públicas, los dirigentes adultos, los referentes de las agrupaciones juveniles) que –como en todo acto oficial– poseen los atributos y condiciones para dar a esa causa una existencia social (Vázquez, 2013: s/p).

Lo cierto es que no se puede pensar la irrupción de la militancia juvenil sin hacer mención a la cuestión de las *almas bellas* a la que referimos en el anterior apartado[40], a la crisis de representatividad sobre la clase dirigente experimentada durante los acontecimientos de 2001-2002 y que tuvo a la juventud también como protagonista. Muchas de las interpretaciones circulantes ubican este fenómeno como causa de la emergencia de una juventud militante que volvía a confiar en las instituciones del Estado y resignificaba a la política en términos positivos, luego de un discurso neoliberal que despolitizaba lo público y erradicaba las pasiones en el escenario político. Además, especialmente en el caso de *La Cámpora* aunque no de forma exclusiva, estos jóvenes se identificaron con la militancia setentista, de la que Kirchner se asumió parte ya en su discurso de asunción de mando en 2003: los actuales jóvenes aparecen, entonces, como continuación de aquella *generación diezmada*[41] de la que provenía NK.

Por supuesto, no desconocemos que el discurso de la ex mandataria, desde el inicio –y, sobre todo, en momentos de mayor algidez, como la *crisis con el campo* y el enfrentamiento con el Grupo Clarín–, interpelaba de manera directa a la juventud. Sin embargo, lo que sucede luego de la muerte de Kirchner es, por un lado, el acrecentamiento del número de militantes; y, por el otro, una suerte de comunidad frente al dolor, en la que los jóvenes *aguantan* a la ex mandataria y ella los convoca a la realización del sueño prometido por su esposo. Por otro lado, como apuntan Vázquez y Vommaro (2012), desde el punto de vista de los militantes, la muerte de Kirchner – como un pasaje entre generaciones–, "puso en juego la continuidad del proyecto político en curso, postulando la propia capacidad militante como un acto de entrega para estar a la altura de las circunstancias" (s/p).

El discurso de CFK en relación a la juventud militante opera, como hemos marcado en otras partes de este trabajo[42], en comparación con *otras*

---

[40] Ver página 115.

[41] En el estudio que realizaron Vázquez y Vommaro (2012), advierten que a pesar de que esta nueva militancia se identifique con la militancia peronista de los años '70, dicha vinculación es, cuanto menos, remota. En primer lugar, porque muchos de los jóvenes no habían aún nacido en aquellos años; en segundo, porque aquellos que sí lo habían hecho, no registraban experiencia de militancia dentro del peronismo.

[42] Nos referimos a las comparaciones que operan entre el Centenario y el Bicentenario, entre el peronismo y el kirchnerismo.

juventudes, no solo juventudes de épocas anteriores, sino juventudes contemporáneas con distintas realidades en otros países del mundo. Y en esta comparación se recupera una noción altamente significativa para el peronismo, la del *trasvasamiento generacional*: las generaciones adultas deben volcar su experiencia hacia las jóvenes para así permitir la sucesión de generaciones en la arena política:

> 15- Mi compromiso es irrenunciable e irrevocable, no solamente por su memoria, por su legado, sino, fundamentalmente, por los jóvenes que tanto esperan de este nuevo país y en el que espero ser un puente entre las nuevas y viejas generaciones (21 de junio de 2011)

La idea del recambio generacional aparece, en este discurso, de manera explícita: la militancia setentista, encarnada en NK y CFK, le tiende un *puente* a las nuevas generaciones, responsables ellas de continuar ahora con el legado del kirchnerismo. Asimismo, como decíamos, se efectúan comparaciones con otras militancias juveniles. Veamos al respecto algunos ejemplos:

> 16- Si uno piensa no solamente en los jóvenes de aquella etapa, si uno piensa en los jóvenes que construyeron aquel 25 de mayo de 1810, y los que vinieron más tarde a lo largo de toda la historia del campo nacional y popular podrá observar que eran siempre jóvenes que se incorporaban a luchar contra algo porque había algo que los oprimía: o era el yugo colonial o eran las dictaduras las que no dejaban expresarse al pueblo. Por primera vez ustedes - generación del Bicentenario - se están incorporando a la política no contra alguien, sino por alguien, por una historia, por la Argentina por seguir mejorando las cosas (11 de marzo de 2011)

> 17- Las diferencias están en que ustedes, afortunadamente, tuvieron mucha más suerte que nuestra generación de vivir en democracia, de vivir en gobiernos, de vivir en democracia y también, déjenme decirlo con mucho orgullo y desde el fondo del corazón: cuando uno ve o recuerda aquellas circunstancias o también ve lo que está pasando por ahí en otros lugares del mundo, donde todo se cae y los jóvenes andan con piedras en la mano o con los puños crispados o sintiéndose indignados, incomprendidos, sintiéndose abandonados por un sistema que no los protege, que los expulsa o porque son pobres o porque son inmigrantes o simplemente porque son jóvenes, déjenme decirles el orgullo que siento de este proyecto político de este país que los acoge, los incorpora y del cual ustedes se sienten orgullosos. ¡Qué maravilla tener jóvenes que no tiren piedras sino que agiten las banderas! ¡Qué maravilla tener jóvenes como ustedes en las máquinas de trabajo, extendiendo las telas, haciendo las zapatillas, cosiendo y con la ilusión de que una nueva nave se abrirá para que otros jóvenes también se incorporen! (08 de agosto de 2011)

Las distintas juventudes que se mencionan en los diversos discursos de CFK operan en comparación con la juventud actual: los jóvenes de mayo, aquellos que lucharon contra la opresión del *yugo colonial*; los jóvenes *del campo nacional y popular* que lucharon contra las dictaduras; los jóvenes chilenos, defendiendo la educación gratuita; los jóvenes *indignados* de Europa; los jóvenes que participaron de las manifestaciones en Magreb. El kirchnerismo, en el discurso de CFK, construye un país que no expulsa a su juventud, sino que *la acoge, la incorpora* y, fundamentalmente, la *necesita*. Son los jóvenes los que forman parte de esa *generación del Bicentenario* sobre la que discurrimos en el anterior capítulo, jóvenes que transitan una *oportunidad histórica*, viabilizada por el kirchnerismo y en la que nuestro país se define de modo excepcional en relación a otros. Esta *generación del Bicentenario* se caracteriza, fundamentalmente, por no militar *contra* sino *para* el Estado:

> 18- Me siento que hemos cumplido con una responsabilidad histórica que es la de lograr que los jóvenes sientan a la patria como su verdadera casa y que vean a las autoridades de un país no como enemigos sino como las que protegen y ayudan a todos los argentinos (18 de noviembre de 2011)

> La juventud opera, por tanto, en términos de continuidad –con la militancia setentista– y por oposición, con ciertas formas de gestionar el Estado –propias de los '90.

Si bien lo analizaremos en profundidad en el apartado siguiente, resta decir aquí que los jóvenes fueron también estrategia de campaña en la reelección de Fernández de Kirchner. De los spots publicitarios que formaron la campaña, uno de ellos llevó el título "la fuerza de los jóvenes" y resumió las características aquí descriptas, destacando la importancia de los valores democráticos y pluralistas. "Este lugar, chicos, es el lugar de ustedes. Y ustedes, chicos, van a ser los argentinos que van a protagonizar ese tercer centenario. Bienvenidos a una Argentina diferente", rezaba el spot que tenía a los jóvenes como protagonistas.

7. Lo programático en el *ethos* íntimo

> *Pero bueno, aquí estamos: vamos a someternos una vez más, como lo he hecho siempre.* (21-06-11)

El *ethos* íntimo que venimos describiendo en estas páginas, caracterizado transversalmente por la construcción de una nueva imagen de CFK vinculada con la muerte del ex presidente, adquiere, a partir del 21 de junio de 2011, algunas características novedosas. La fecha no es casual: ese día, la ex presidenta anuncia su decisión de presentarse a la reelección. Las especulaciones, provenientes fundamentalmente de los medios opositores, sobre si la ex mandataria se encontraba en condiciones psicológicas de ejercer la primera magistratura, rápidamente fueron echadas por agua y la producción discursiva de CFK comenzó a adoptar las características de un discurso de campaña: "aquí estamos, vamos a someternos una vez más, como lo he hecho siempre (…) siempre que he accedido a todos los cargos, lo he hecho sometiéndome a la voluntad popular. Es más, llegué a legisladora provincial cuando Kirchner era intendente y como autoridad de la Cámara me tocó ser gobernadora antes que él" (21-06-11).

Habiéndose sancionado la Ley 26751, llamada "Ley de Democratización de la Representación Política, la Transparencia y la Equidad Electoral" (y también conocida como la "Ley de Reforma Política"), el escenario electoral sufría cambios sustanciales:

La Ley estableció el mecanismo de elecciones primarias, abiertas, simultáneas y obligatorias (PASO) para producir una mayor democratización al interior de las coaliciones y los partidos políticos. Solamente las fuerzas políticas que hayan obtenido un porcentaje de al menos el 1,5% de los votos válidos en el distrito correspondiente son habilitadas para participar en las elecciones generales. En lo que respecta al financiamiento de las campañas, la Ley estableció una distribución de los espacios publicitarios en radio y televisión (Cheresky y Annunziata, 2012: 28).

Esta reforma, postulada como un logro del kirchnerismo, aparece también como un eje de campaña; un eje que muestra la coherencia ideológica de la ex mandataria, dado que se condice con proyectos presentados durante su desempeño como legisladora y un eje que, a su vez, realza la importancia de la política de medios implementada por el kirchnerismo, cuestión nodal en la producción discursiva de la ex mandataria:

19 Merced a la Ley de Medios Audiovisuales y a la Ley de Reforma Política, todos los partidos políticos han podido acceder democráticamente; todos los partidos políticos, han podido acceder por primera vez, desde 1983 a la fecha, a los medios audiovisuales y a la difusión de sus programas, de sus candidatos, en una época, y ustedes lo saben todos muy bien, donde el peso específico de lo mediático, de la comunicación audiovisual, se torna imprescindible para poder hacerlo (15 de agosto de 2011)

Lo novedoso del discurso electoral de CFK es que, aún con estrategias que venían exclusivamente dirigidas a la militancia kirchnerista, aún con bases de apoyo garantizadas y acrecentadas luego del fallecimiento de NK, fiel a lo que se entiende por discursos de campaña, Fernández de Kirchner abandonará por un momento algunas de las características hasta aquí descriptas y abrirá la convocatoria a sectores hasta el momento impensados.

20- Lo único que siempre les pido a todos es que me ayuden, que me ayuden los empresarios a seguir generando trabajo (…) Por eso también les pido ayuda a todos los dirigentes con responsabilidad institucional, porque esto no lo hace una sola persona sentada en la Casa Rosada, esto lo hace la colaboración de la sociedad, con sus dirigencias sociales, políticas, sindicales, culturales, participando en un proyecto de país... (20 de octubre de 2011)

Como apunta Annunziata (2012), "los procesos electorales constituyen, para la democracia, los laboratorios de la construcción y reconstrucción de las identidades y de los lazos políticos" (p. 67). Sin embargo, aunque adherimos a la afirmación de la autora, no podemos dejar de lado que quien enuncia este discurso ya se encuentra en el poder y cuenta con ocho años de gestión bajo el mismo proyecto. Es decir, el discurso de campaña de CFK contará con lineamientos programáticos que explicitan acciones futuras, entendiendo lo programático, como apunta Verón (1987), como aquel *componente* del discurso político en el que "se manifiesta el peso de los fantasmas del futuro" (p. 22) y es, por tanto, del orden del *poder hacer*:

21- Pero lo cierto es que todavía falta hacer cosas en la República Argentina, todavía falta dar más igualdad, más justicia. Y lo estamos haciendo y lo vamos a seguir haciendo porque esta es la idea de la profundización cuando hablamos del modelo, que nadie se asuste de esas cosas, es simplemente llegar a los que todavía no hemos podido llegar, a los que reciben la Asignación Universal por Hijo y queremos que no la reciban más, sino que reciban la Asignación Familiar porque sus padres han conseguido un trabajo (29 de septiembre de 2011)

Sin embargo, además de lo programático y de algunos pasajes en los que se convoca a otros sectores, la promesa es una sola: continuar con el camino recorrido. Y para prometer esta continuidad se vuelve necesario, como venimos analizando, repasar lo ya hecho, describir, hacer balances. Nuevamente, el punto cero es el 25 de mayo de 2003 y la campaña busca identificar los grandes hitos del kirchnerismo y erigir su estrategia de convencimiento a partir de allí:

22- Y veo hoy cómo estamos al cabo de 8 años y entonces creo que hay que repasar el por qué estamos donde estamos, no ha sido magia, no ha sido viento de cola, ha sido la voluntad y la decisión de los gobernantes de tomar un rumbo diferente en sus políticas económicas, sociales, en sus relaciones internacionales, absolutamente diferentes a las que se había sostenido, hasta ese momento, como paradigmas (29 de julio de 2011)

La continuidad que propone el discurso de CFK implica el reconocimiento de los logros obtenidos durante su gestión y la de NK, pero la convocatoria no es excluyente: "nadie va a preguntarles cómo pensaban, de qué partido venían, a qué dios le rezaban o qué había hecho antes de ayer. Simplemente, el solo hecho de ser argentino, lo hace titular de derechos y también de responsabilidades" (23-07-11). Es más, se pide *convencer, persuadir* acerca de que este es el camino correcto. Y, finalmente, la enunciadora solicita *ayuda,* a los empresarios, a las familias, a los dirigentes con responsabilidad institucional. Pero, claro está, ayudar a la enunciadora implica, también, el reconocimiento de lo ya hecho:

> La lectura del pasado y la lectura del presente se articulan una a la otra por medio del fantasma del saber colectivo (que reenvía al "nosotros" de identificación o a otro colectivo más amplio como la Patria o la Nación), o bien a través de la imagen del propio enunciador en tanto Líder, fuente de la coherencia y de la racionalidad de estas lecturas de la historia próxima o lejana (Verón, 1987: 20).

La importancia de incluir en nuestro trabajo un apartado dedicado a analizar el discurso de campaña de Fernández de Kirchner radica, fundamentalmente, en poder analizar cómo opera este nuevo tipo de discurso en el marco de lo que estamos trabajando como *ethos íntimo*. Una de las características de este tipo de *ethos*, que irrumpe a partir de la muerte de NK, fue la emergencia de un discurso modalizado afectivamente, en el que se rastrean palabras como *amor, dolor, deseo*. Esta particularidad no está ausente en el discurso de CFK una vez lanzada su candidatura:

> 23- Él está mirando desde algún lado, lo sé, está mirando desde algún lado. Está acá, ¿no es cierto? Díganme que sí. Sí, está con ella, está con ustedes, está en cada uno de ustedes. Quería compartir con ustedes este momento junto a ella, a la que quiero tanto, junto al otro que lo tengo allá en el Sur y junto a todos ustedes y junto a todos los argentinos, porque hoy es un día de alegría para todos (15 de agosto de 2011)

Otra de las singularidades de la producción discursiva de CFK en el marco de este *ethos íntimo* fue la construcción de un discurso que erigió a NK como *soñador, loco, salmón, héroe* [43]; la importancia de recuperar estos atributos en un discurso de campaña está centrada en poder trasladarlos de NK a CFK, ahora candidata a la reelección presidencial:

> 24- A él le decían "el loco" mucho, yo lo sé. Y bueno, cuántas veces a mí también me dijeron loca. ¿Sabés que pasa? Para hacer cosas como Globant o para encarar el desafío que es transformar un país como la República Argentina, con todas las potencialidades y con todos los recursos, hay que estar a veces un poco loco, pero loco en serio y loco de los buenos, porque los hay de los malos también. Creo que somos, en definitiva, locos de los buenos que queremos transformar, que tenemos una pasión por ser el número 1 (08 de septiembre de 2011)

Esta transitividad que opera entre los significados atribuidos a NK le posibilita a la enunciadora situarse a la par. El *fundador innombrable*, su compañero de vida, entrega la propia para velar por los intereses de la Nación y el compromiso de la enunciadora la iguala a esta idea-fuerza de *salmón* que

---

[43] Ver página 111 y ss.

describimos páginas atrás. Desde el dolor, se compromete a entregar *lo que le queda* de lo que es:

> 25- Yo también los quiero mucho, yo también los amo mucho, por eso hago todo lo que hago. Si no, no podría…(08 de agosto de 2011)

Ahora bien, ¿desde qué lugar se enuncia este compromiso?, ¿de qué modo la candidata presidencial logra sobreponerse a la *irreparable pérdida*? Resulta de interés referirnos aquí al pasaje de la *fragilidad a la fuerza* sobre el que ya hemos trabajado anteriormente y que adquiere, en el discurso de campaña, una nueva relevancia. *Es la "fuerza" lo que vincula la campaña con su condición de viuda:*

> 26- Cuando me tocan o me miran o me dicen "fuerza Cristina" o me dicen "te quiero", yo siento que él también está ahí junto a cada uno de ustedes para seguir adelante, porque sé que este fue su sueño como el de miles y miles de nosotros cuando éramos muy jóvenes (13 de octubre de 2011)

Las políticas de Estado desplegadas por el kirchnerismo durante los ocho años de gestión forman parte de una estrategia de campaña que se realiza a través del *storytelling*, el relato de historias de vida, testimonios, que son puestos a circular en los medios a través de distintos *spots* e incluidos en los discursos de la ex mandataria. Bajo el lema "La fuerza de Cristina, la fuerza de un país", se realizaron más de diez *spots* televisivos que recuperaban historias de vida: la de una nieta recuperada, la de una científica repatriada, la de una mujer que había podido cobrar su primera jubilación a partir del nuevo régimen previsional, la de un joven programador beneficiado por la Ley de Software, etc. Todos ellos eran identificados por el nombre propio: la fuerza de Victoria, la fuerza de Cecilia, la fuerza de Haydeé, la fuerza de Federico. Convocando a la "unidad nacional, que siempre nos fue negada en nuestros 200 años de historia" (19-10-11), el cierre de campaña de las elecciones de 2011, realizado el 19 de octubre en el Teatro Coliseo, fue una puesta en escena de estas historias de vida: detrás del atril donde Fernández de Kirchner pronunció su discurso, se encontraban Federico, Haydeé, Victoria y cada uno de los protagonistas de los *spots* de campaña. Todos ellos, según CFK, "son en definitiva los representantes de esa Argentina real, de esa Argentina que muchas veces no la escuchamos" (19-10-11). La atención a la particularidad, la preocupación por generar empatía, el hecho de colocar al ciudadano como protagonista de una historia y, sobretodo, el mostrarse –la propia enunciadora– como *una más,* con mayores compromisos, pero víctima de un dolor que la iguala a cualquier otro ciudadano, enmarca esta campaña en las nuevas formas democráticas vinculadas a la *proximidad*[44] que

---

[44] El autor identifica a la *proximidad* y, particularmente, a la *democracia de proximidad* como una expresión generada para "intentar reconstruir una legitimidad debilitada" (p. 248) que aparece "asociada a la participación, articulada con una valorización de lo local" (p. 248).

identificó Rosanvallon (2009). Y el giro enunciativo que realiza aquí la ex mandataria, busca superar las diferencias partidarias, en pos de la construcción de una mejor sociedad:

> 27- Nadie pierde la identidad ni su historia, si colabora y coopera con lo que la sociedad democráticamente elige para construir un país mejor y una sociedad con mayor solidaridad, con mayor inclusión, con mayor democracia, con mayor pluralidad (19 de octubre de 2011)

Los valores a los que apela la enunciadora –la solidaridad, la inclusión, la democracia, la pluralidad– buscan trascender al Frente para la Victoria para lograr esa mentada unidad nacional.

Por último, aunque ya fuera del discurso de campaña, el día del contundente triunfo electoral de Fernández de Kirchner, la enunciadora vuelve a resaltar la diferencia entre lo *privado* y lo *público*, lo *íntimo* y lo *político*, diferencia con la que comenzamos el presente capítulo:

> 28- No las estoy diciendo -que quede claro por favor- como su viuda, las estoy diciendo como su compañera de militancia de toda la vida. Que nadie se equivoque. No hablo de él como marido; hablo de él como cuadro político, tal vez uno de los mejores cuadros políticos que ha dado nuestro país. Que nadie se equivoque. Es el dolor de una mujer, pero es la comprensión de una militante política (24 de octubre de 2011)

Capítulo IV. Construyendo el liderazgo

1. Introducción

> *Yo siento que estamos cubriendo, que somos la generación, esta generación del Bicentenario la que está cubriendo todas las deudas históricas, que se han generado durante décadas o de abandono, de equivocaciones, o de malas políticas...*(28-09-11)

Hemos analizado hasta aquí dos tipos de *ethos* que se desprenden de la producción discursiva de la ex mandataria, Cristina Fernández de Kirchner: el *ethos magistral* y el *ethos íntimo*, caracterizados ambos por la construcción de dos *escenografías* –una profesoral y otra íntima, respectivamente– con distintos modos de vinculación con los otros participantes de la escena enunciativa. Como hemos explicitado, también, en otras partes de este trabajo, consideramos que en la conjunción de ambos, en el entrecruzamiento de distintos modos de proyectarse en su discurso, se conforma un tipo particular de liderazgo político. Se vinculan aquí, como en otras partes de nuestro trabajo, categorías propias del análisis del discurso y categorías pertenecientes a la teoría política. Propondremos, entonces, un modo de articulación de ambas disciplinas cuyo aporte radica en la posibilidad de pensar, tal como lo hacemos en nuestro trabajo, en que la noción de identidad encuentra su anclaje discursivo en la categoría de *ethos*. Para ello, deberemos realizar, primero, algunas aclaraciones teóricas que den forma al aparato conceptual aquí propuesto.

En primer lugar, y en el marco de la teoría política, resulta imposible pensar a la identidad política por fuera del concepto de representación y, por ende, del de liderazgo. Surge la pregunta, entonces, acerca de qué entendemos por representación y liderazgo en estas páginas, pregunta que será saldada en el primer apartado del presente capítulo. Dado que la identidad política se construye a partir de la identificación de un adversario y, simultáneamente, del establecimiento de un *nosotros* que instituye una comunidad política, analizaremos aquí, ya situados en el campo del análisis del discurso, algunos *colectivos de identificación* a partir de los cuales la enunciadora se asume como portavoz, colectivos *en nombre de* los que habla. Dividimos nuestro análisis en cuatro sub-apartados. En primer lugar, daremos cuenta de la enunciación a partir de la pertenencia genérica: el discurso de CFK nos provee de algunas herramientas para comprender qué sentidos le otorga al *ser mujer* y cuáles son las *obligaciones* que considera inherentes a dicha pertenencia. En segundo lugar, analizamos una cuestión que ya hemos tratado en nuestro trabajo: la enunciación *desde* el peronismo en relación con la pertenencia de la enunciadora a la *generación diezmada*. En tercer lugar, discurrimos acerca de otra posición que asume la enunciadora al hablar *desde* la democracia y *desde* las instituciones. A partir de aquí, observamos el pasaje de la *generación diezmada* a la *generación del Bicentenario*, pasaje a partir del cual la enunciadora habla *desde* el Estado. Por último, caracterizamos lo que en la producción discursiva de CFK se enuncia como *el modelo* o *el proyecto*, instancia de enunciación que, de algún modo, sintetiza las anteriores.

2. En tu nombre

> *Tengo que mirar desde Jujuy hasta Ushuaia, desde Mendoza hasta el Río de la Plata y además mirar con precisión a cada uno de los sectores para ver cuáles son las medidas más razonables que defiendan el interés de la Nación y el interés del pueblo, términos que ustedes saben son para mí, profundamente democrática, la convicción más íntima* (31-03-08)

Con el fin de explicitar la articulación teórica aquí propuesta, nos detendremos en primera instancia, en las categorías de representación, identidad y liderazgo. Dijimos anteriormente que consideramos que la *alteridad* y la *perspectiva de la tradición*, prolíficamente estudiadas en nuestro trabajo, se encuentran al servicio de la *representación* y no en su mismo nivel de análisis. Por eso hemos dejado las cuestiones relativas al concepto de representación y al tipo de liderazgo político que encarna CFK para este último capítulo, previo a las reflexiones finales. En este sentido, adherimos a lo dicho por Novaro (2000):

> Intentaremos mostrar que la teoría de la representación puede ofrecer una perspectiva interesante para entender en este contexto la articulación entre ideas e identidades. Fundamentalmente, porque permite situar históricamente, más allá de todo esencialismo, y comprender de un modo concreto, no ficcional, abstracto o "idealista", ni puramente "subjetivo", la producción de los ideales políticos en la formación de la subjetividad (Novaro, 2000: 175).

Esta hipótesis de Novaro (2000), resultado de la revisión conceptual de los principales autores que reflexionaron en torno a estos conceptos, aporta un interesante punto de partida para comprender el vínculo entre representación, identidad y liderazgo. Detengámonos, en primer lugar, en la noción de representación.

Los estudios sobre representación, fundamentalmente aquellos que tuvieron sede en la ciencia política norteamericana y que se constituyeron como campo autónomo a partir de los años sesenta, pueden dividirse en dos grandes corrientes (Rodríguez, 2014a). Tradicionalmente, la idea de representación estuvo vinculada o bien a remarcar la importancia de la voluntad humana, la acción individual, explicando los procesos políticos a partir de las características que definían la personalidad de un líder; bien a negar la capacidad de acción del sujeto, volviendo estéril el concepto de liderazgo. Como opción a estas visiones contrapuestas, se sitúa la emergencia de una nueva alternativa, surgida a partir de la década del '70 y que tuvo como precursora la obra de McGregor Burns, *Leadership* (1978). Otros autores que recuperan esta posición alternativa, entre el conductismo y el funcionalismo, entre las características personales y los determinantes sistémicos, fueron Blondel (1987) y Elgie (1995).

En *La razón populista*, Laclau (2009) cuestiona las teorías clásicas de la representación concluyendo que el error de las mismas fue el de haber concebido que la voluntad popular *antecede* al momento de la representación política. Esto significa que, primero, se encontraría una voluntad popular unificada que, posteriormente, encontraría en el líder su expresión. Adoptamos la perspectiva de Laclau (2009) quien comprendió a la representación política a partir de un doble movimiento, ascendente y descendente. El movimiento de tipo descendente, se instaura

> de los representantes a los representados, en tanto las identificaciones, los intereses y las demandas de estos últimos asumen siempre una forma incompleta y transitoria; el otro será de tipo ascendente, de los segundos a los primeros, en tanto ninguna decisión política opera en el vacío estructural (Rodríguez, 2014a: 27).

Esto supone que no hay nada parecido a la transparencia en el vínculo representativo, que no hay una réplica exacta entre los deseos e intereses de los representados y las acciones del líder, es decir, no existe la re-presentación, una presentación de algo ya dado.

Nos parece conveniente introducir un concepto desarrollado por Annunziata (2012), el de *representación de proximidad,* concepto que se situaría, de acuerdo a la autora, como un cuarto modelo, luego de los tres estudiados por Manin (1998)–*parlamentarismo,* la *democracia de partidos* y la *democracia de audiencia o de lo público*–. Incluyendo alguno de los rasgos de los modelos anteriores, sobre todo en lo que se refiere a la personalización y mediatización de la política y al progresivo rol de los liderazgos frente a los partidos políticos, la *representación de proximidad:*

> supone una política personalizada, partidos políticos débiles y un rol importante de los medios de comunicación; implica también, y sin embargo, la tendencia de los líderes a presentarse, no bajo el prisma de salvadores en contextos inciertos o de crisis, sino bajo el de "hombres comunes", con preocupaciones idénticas a las de todos los ciudadanos, y disponibles para escucharlos. En lugar de exacerbarla, la "representación de proximidad" no haría más que contribuir a disimular la diferencia representativa (Annunziata, 2012: 52).

Este tipo de representación en el que se detiene la autora recupera la categoría de *democracia de proximidad* desarrollada por Rosanvallon (2009) y que mencionamos a propósito de la campaña presidencial de 2011. El intelectual francés afirma que "representar significa en ese caso constituir públicamente un problema a partir de un ejemplo" (p. 275), con el afán de que ese caso particular permita la generalización e identificación; "es dar, de esa manera, un lenguaje articulado a lo que vive cotidianamente la gente y constituirla, por eso mismo, plenamente en su condición de ciudadanos" (p. 275). La *proximidad* se caracteriza por tres elementos: una variable de posición, una de interacción y una última de intervención. En el primer caso, "estar cercano significa ante todo una postura de poder frente a la sociedad. La proximidad significa en ese caso presencia, atención, empatía, compasión" (pp. 248-249). La variable de interacción, complementariamente, se refiere a una relación entre gobernados y gobernantes; estar cercanos, para estos últimos, quiere decir "estar accesibles, ser receptivos, en situación de escuchar" (p. 249). Por último y respecto a la interacción, "la proximidad evoca una atención a la particularidad de cada situación" (p. 249).

Haciendo prevalecer la identificación por sobre la distinción, este tipo de lazo representativo del que da cuenta Annunziata (2012) hace emerger al político en tanto *hombre común* –ni partisano, ni ideologizado–, que comparte las experiencias y la cotidianeidad de la ciudadanía. En el caso argentino, la autora sitúa los primeros elementos que anticipan el advenimiento de este tipo de representación en los años noventa, a medida que los líderes políticos más tradicionales perdían peso y emergían figuras vinculadas al espectáculo o el deporte[45]. También quedan aglutinados aquí aquellos que –y atendiendo en este sentido solamente a los períodos electorales– desarrollan sus

---

[45] Un caso paradigmático, en las elecciones de 2011, lo constituye Miguel del Sel, comediante que se presentó a la gobernación de la provincia de Santa Fe bajo el ala de la Propuesta Republicana (PRO) y quedó segundo en las elecciones, a menos de tres puntos de distancia de Antonio Bonfatti, el candidato socialista.

estrategias de campaña bajo el signo de lo que la autora denomina como *localismo*[46].

Resulta en parte compleja la aplicación de la categoría de *representación de proximidad* a nuestro objeto de estudio, en tanto supone un tipo de liderazgo por fuera de las estructuras partidarias, y cierto despegue del político como *hombre político*, cuestiones que no se encuentran presentes de manera homogénea en la producción discursiva de CFK[47]. Sin embargo, lo que aquí hemos denominado como *ethos íntimo*, la puesta en visibilidad de algunos aspectos de la vida privada, las confesiones sobre el dolor provocado por la muerte de su esposo, la compasión despertada, pueden ser pensadas, como lo hace la autora, como comportando alguno de los elementos de este tipo particular de representación. Esto es así en tanto la *proximidad* demanda lo *auténtico*, la *sinceridad*, el mostrar cómo el líder se *siente realmente*. Reconocemos esto, tal como lo trabajamos previamente, al atender a la estrategia de campaña de 2011 anclada en los *spots* televisivos que recuperaban el lema "Fuerza, Cristina" y en los cuales, a partir del *storytelling*, "la proximidad se encontraba compensada por la inscripción de lo singular en un relato global de los años de gestión y en una visión de conjunto de la 'Argentina que crece'" (Annunziata, 2012: 79).

Hemos discurrido hasta aquí acerca del concepto de representación. Lo que nos interesa ahora es analizar de qué modo la "forma representativa constituye, da cuerpo y fundamenta, las identidades sociales y políticas" (Novaro, 2000: 176), sin reducir la identidad a un mero *efecto* de la representación sino comprendiendo que los procesos representativos "dan lugar a actores que despliegan, a su vez, una actividad política libre, y son capaces de actuar sobre la representación misma, sobre sus resultados y sobre su desarrollo futuro" (p. 206). Tenemos por cierto, entonces, que la representación produce identidades pero que estas no se constituyen como mero efecto de la actividad representativa. El vínculo entre ambos conceptos es, sin duda alguna, complejo. Ahora bien, si la representación produce identidades, hay una suerte de prioridad de la primera respecto de las segundas, puesto que aquella "se contrapone a la condición originaria de la identidad, en la forma de la voluntad soberana que lo procede" (p. 210). La identidad adquiere su expresión más intensa en la idea de *comunidad*, asociada a una determinada tradición que nos permite pensar, como apunta Mouffe (1999),

---

[46] El *localismo*, según Annunziata (2012) es un "tipo de discurso según el cual la política local –con los atributos positivos asociados a ella: cotidianeidad, cercanía física, contacto– sería el modelo de la política legítima" (p. 69).

[47] Sostenemos esto en tanto el concepto de la autora supone cierta desideologización del líder político, mientras que CFK y, transversalmente, todo el kirchnerismo, suponen una revalorización de lo político, visible en los discursos que estamos analizando en este trabajo.

en nuestra inserción en la historicidad, en el hecho de estar construidos como sujetos a través de una serie de discursos ya existentes, y de que precisamente a través de esa tradición que nos constituye nos es dado el mundo y es posible toda acción política (Mouffe, 1999: 36).

En esta comunidad se asienta un principio de antagonismo y, correlativamente, la emergencia de un *nosotros* de la que el líder político es síntesis y portavoz. La categoría de liderazgo no puede ser pensada por fuera de los aportes de la sociología weberiana (Weber, 1969), a partir de la cual se plantearon las tres formas de dominación: la dominación legal, la tradicional y la carismática, siendo esta última la que instituye la figura del líder carismático producto de la ciudad-estado occidental. El liderazgo es, para el autor alemán, una relación social entre representantes y representados y su preocupación se asienta en la dicotomía entre el avance de las burocracias regladas y la atención a las particularidades individuales del líder.

Rodríguez (2014a) aborda al liderazgo no a partir de ciertas características individuales o conductas personales, sino como "aquel fenómeno mediante el cual se crea una 'figura representativa'[48] y se constituye un 'lazo representativo', reconfigurando de forma decisiva el contexto histórico e institucional en el que su acción relacional se inscribe" (p. 36) e instituyendo un específica comunidad política de pertenencia, atravesada por la construcción de un *nosotros*. Este líder hace emerger la idea de un *bien común*, del *interés general*, del *futuro de la Patria* y, de este modo, aglutina los intereses de los representados.

En el marco de sus indagaciones acerca del populismo, Laclau (2009, 2011) otorga al líder un papel central en tanto es éste el que universaliza el momento hegemónico. Abiertamente en contra de entender al liderazgo a partir de la *sugestión* o la *manipulación*, el líder funciona, para el autor argentino, como un continuo productor de símbolos que articula demandas diferenciales. En este sentido, el líder no representa solamente algunos caracteres comunes de un conjunto de hombres, sino que es parte activa de la construcción de las identidades populares,

> La función del representante no es meramente transmitir la voluntad de aquellos a quienes representa, sino dar credibilidad a esa voluntad en un *milieu* diferente de aquel en el que esta última fue originalmente construida. Esa voluntad es siempre la voluntad de un grupo sectorial, y el representante debe demostrar que es compatible con el interés de la comunidad como un todo. Está en la naturaleza de la representación el hecho de que el representante no sea un mero agente pasivo, sino que debe añadir algo al interés que representa (Laclau, 2009: 200).

---

[48] Ver página 40 y ss.

La importancia de la emergencia de un *significante vacío* que se inscriba en una *cadena equivalencial* y de lugar a la emergencia del actor colectivo *pueblo* no es, para Laclau, más que el espejo de las dos caras de la representación a las que aludimos páginas atrás. Y, por tanto, "toda identidad popular tiene una estructura interna que es esencialmente representativa" (2009: 205).

En el marco del análisis del discurso, el *nosotros* –en todas sus formas, dependiendo del grado de amplitud que supone[49]– se evidencia en la conformación de determinados *colectivos de identificación*, que son "el fundamento de la relación que el discurso construye entre el enunciador y el prodestinatario" (Verón, 1987:18). Los *colectivos de identificación* se asientan en lo que el autor denominó *dispositivo enunciativo* y que supone la construcción de: a) la imagen del que habla; b) la imagen de aquel a quien le habla; c) el vínculo que, mediante el discurso y gracias a él, se construye entre ambas instancias. Es en la construcción de un dispositivo enunciativo donde cobra sentido la categoría de *ethos* que hemos trabajado en estas páginas y que supone, tal como ya lo hemos dicho en otras partes de este trabajo, la construcción de una determinada *escenografía* (Maingueneau, 1996, 2005):

> En el momento en el que acontece, la enunciación del texto (pre) supone una cierta escena, escena que, en realidad, se convalida progresivamente a través de la enunciación misma. La escenografía resulta así, simultáneamente, aquello de donde el discurso proviene y aquello que el mismo discurso genera. La escenografía legitima un enunciado, un enunciado que, a su vez, debe legitimarla y establecer que esa escenografía de donde las palabras provienen es justamente *la* escenografía requerida para enunciar de modo adecuado (Maingueneau, 2005: s/p).

Más allá de las diferencias entre los *ethos* aquí analizados, hay ciertas características que los atraviesan a ambos y que, como veremos a lo largo de los siguientes apartados, se asientan en una enunciación que recupera una serie de colectivos que le permiten a CFK comportarse como portavoz de esos colectivos, *hablar en nombre de*. Recordemos al respecto las afirmaciones de Sigal y Verón (2008) sobre las que ya nos explayamos:

> Un líder político no es jamás un personaje cristalizado, como si se tratara de una imagen estática que, poseedora de un poder "carismático", concentra-

---

[49] Kerbrat-Orecchioni (1986) distingue tres tipos de *nosotros*. El *nosotros inclusivo* que resulta de la conjunción entre el *yo* y el *tu* (en singular o plural); el *nosotros exclusivo*, aquel que supone la referencia al *yo* y el *él*; y una tercera forma que resulta de la siguiente fórmula: *yo + tú + él* (ver al respecto, pags. 52 y ss.). Adelstein (1996), por su parte, identifica el *nosotros inclusivo* ("yo" + "vos" o "ustedes"); el *nosotros exclusivo* ("yo" + "él/ella" o "ellos/ellas" y el *nosotros abarcativo o de máxima extensión* ("yo" + "vos" o "ustedes" + "él/ella" o "ellos/ellas").

ría, por razones de "personalidad", la fascinación y la creencia de las masas. Abordar el problema del liderazgo político desde el punto de vista del dispositivo de enunciación permite comprender que un líder no es otra cosa que un *operador*, extremadamente complejo, por el que pasan los mecanismos de construcción de una serie de *relaciones* fundamentales: del enunciador con sus destinatarios, del enunciador con sus adversarios, del enunciador con las entidades imaginarias que configuran el espacio propio al discurso político. Comprender la especificidad de este nudo de relaciones es una condición indispensable para identificar la especificidad de los mecanismos a través de los cuales, dentro de un movimiento político determinado, se genera la creencia y se obtiene la adhesión (Sigal y Verón, 2008: 51-52)

Por tanto, comprender al líder político como un *operador* permite materializar en su figura la serie de relaciones que se construyen mediante el discurso. De aquí se conjugan la adhesión a él y al movimiento político que encarna y que conlleva la articulación con otros colectivos o entidades imaginarias: la Nación, la Patria, etc.

2.1. Nosotras las mujeres

Analizar la posición del enunciador, en tanto "origen de las coordenadas enunciativas" (Maingueneau, 2005: s/p) y, simultáneamente, los *colectivos de identificación* desde los que enuncia, resulta de suma importancia a nuestro propósito pues esto nos reenvía a un *funcionamiento discursivo sistemático*, que escapa y trasciende a la situación inmediata. Enunciar *en nombre de* supone la construcción de un *nosotros* en el que se disputan sentidos que buscan definir la materia de lo que se habla y generan la identificación de un colectivo particular de representados que empatiza con lo enunciado. En este sentido, uno de los lugares en los que se ubica la enunciadora es su condición de mujer: se enuncia entonces, desde el género –femenino–. Algunas de estas cuestiones ya las hemos analizado en el capítulo anterior, cuando vinculamos al género y el *ethos íntimo* con la muerte del ex presidente. El terreno es, como venimos mostrando, esencialmente problemático y no unívoco, pues el discurso de la ex mandataria, primera mujer elegida como presidenta por el voto popular en elecciones democráticas y libres, hace emerger distintas aristas de lo que socialmente se entiende por *mujer* y por el rol que la misma puede o debe tener en la arena política. De lo que se trata es de analizar un discurso que pone en tensión la esfera pública y privada, ambas vinculadas históricamente a una diferencia sexual: la esfera pública pareciera ser el terreno privilegiado del hombre, al tiempo que la privada sería el lugar al que la mujer pertenecería *naturalmente*.

¿Qué es *ser mujer* en el discurso de Cristina Fernández?, ¿cómo aparece representado el rol político de la mujer?, ¿a qué figuras públicas se apela para sustentar esta concepción?, ¿qué estereotipos de género se reproducen y cuáles se busca romper? Responder a estas preguntas es el objetivo de este apartado, pues la importancia de enunciar desde el género no aparece exclusivamente vinculada al fallecimiento de Kirchner y, por tanto, a su condición de viuda, sino que se manifiesta desde el mismo discurso de asunción de mando. Aquí CFK delinea cierta dificultad inherente a su pertenencia genérica:

> 1- También -porque saben, que la sinceridad es uno de mis datos proverbiales- sé que tal vez me cueste más porque soy mujer, porque siempre se puede ser obrera, se puede ser profesional o empresaria, pero siempre nos va a costar más. Estoy absolutamente convencida. Pero creo tener la fuerza para poder hacerlo y además el ejemplo, el ejemplo no solamente de Eva que no pudo, no pudo, tal vez ella lo merecía más que yo, el ejemplo de unas mujeres que con pañuelo blanco se atrevieron donde nadie se atrevía y lo hicieron. Ese era el ejemplo de ellas, de las Madres y de las Abuelas, de las Madres y de las Abuelas de la Patria (10 de diciembre de 2007)

Analizando el discurso de asunción de mando de CFK y en comparación con los discursos pronunciados, en el mismo marco, por Michelle Bachelet en Chile y Dilma Rousseff en Brasil, Vitale (2014) afirma que, en el caso de Fernández de Kirchner, se erige la imagen de una mujer como víctima, lo que "tiende a naturalizar y deshistorizar la situación de desigualdad de la mujer respecto del varón, dificultando su modificación, en particular por evaluarla como permanente mediante el adverbio 'siempre'" (p. 73). Afirmamos en el capítulo anterior que no pensamos estas cuestiones en tanto *victimización* sino, más bien, como la exposición de una *fragilidad* que, de todos modos, no aparece como el único modo de construcción de su pertenencia genérica. Replicamos otro fragmento en los que la enunciadora resalta este aspecto desfavorable que se enuncia como inherente al *ser mujer*:

> 2- Yo pensaba hoy, por esas raras coincidencias: Ingrid Betancourt, mujer; Pilar Bouza Moreno, también mujer; Benazir Butto, también mujer y todas ellas comprometidas, de distintas formas: compromisos social, en el caso de nuestra compatriota, desde muy joven; compromiso político y también social, el de Ingrid Betancourt; compromiso político, el de Benazir Butto. Pareciera tal vez, que el ejercicio de responsabilidades y de compromisos trae aparejadas consecuencias dolorosas y trágicas (27 de diciembre de 2007)

Hay, en los dos casos —nos referimos a (1) y (2) — una concepción que vincula el *ser mujer* con algo del orden de lo desfavorable que tendría repercusiones en sus responsabilidades, compromisos y en el desempeño que tendrían las mismas en los distintos lugares de trabajo. Ser mujer implica entonces, para CFK, una serie de dificultades que se plantean como inherentes y, por tanto, como inmodificables. Sin embargo, la apelación a Eva, a las Madres y Abuelas de Plaza de Mayo, a Ingrid Betancourt, etc., busca revertir esta concepción, resaltando la dificultad pero destacando ciertos atributos –propiamente femeninos– que posibilitarían la superación; y esto es así dado que el género es una construcción discursiva, cultural, histórica, "que pone en correlación el sexo con contenidos culturales, de acuerdo con los valores y jerarquías correspondientes al orden patriarcal hegemónico" (Domínguez, Castro, Cháneton, Daszuck y Jurovietzky, 1994: s/p) y es en los discursos donde podemos analizar estas contradicciones, tensiones, desvíos, "sitios en los que entran en pugna distintos sistemas de representación y enunciación" (Domínguez et al., 1994: s/p). La lucha y el sacrificio son entonces atributos que definen estos modelos de conducta y que atraviesan el discurso de Fernández de Kirchner:

> 3- Como les dije el 10 de diciembre, sé que siendo mujer me va a costar un poco más, pero que no se confundan con mi aparente fragilidad, tengo ejemplos de mujeres que vencieron a lo que ningún hombre podía vencer (01 de abril de 2008)

Fernández de Kirchner no duda, pues *sabe* que su posición es desfavorable; sin embargo, la fragilidad vinculada a la mujer, según CFK, no es tal. Es, en todo caso, una fragilidad *aparente* y la advertencia "que no se confundan" resulta esclarecedora al atender a la fecha del discurso: abril de 2008. En pleno conflicto con el sector agropecuario, fue en este momento cuando se formuló una de las ideas vinculadas a su condición de mujer: la denominación de CFK como *la yegua*, apelativo que resaltaba ciertas características de su cuerpo y de algo del orden de lo indómito, de lo imposible de contener. También, como ya hemos mencionado, circulaba por ese entonces la idea de *doble comando*, suponiendo que no era Fernández de Kirchner quien tomaba las decisiones en el poder, sino su esposo. "Que no se confundan" desestabiliza el estereotipo de mujer frágil, que no podría resolver la confrontación propia del mundo de la política, dado que su tarea, por antonomasia, tendría que ver con el cuidado de los otros y, por tanto, con una práctica afectiva, más no confrontativa. Observamos, entonces, que las definiciones en torno a qué es ser mujer en el discurso de CFK se construyen de manera dialógica, respondiendo a ciertos discursos circulantes que plantean determinadas representaciones de género y que aparecen como el *ellos* del discurso, como ese *tercero* que se opone al colectivo de identificación de la enunciadora. Por otro lado, se establece en ese mismo discurso una diferencia con un otro, un hombre, que sería incapaz de vencer las *adversidades más terribles*, como sí lo hicieron algunas mujeres[50]. Esta distinción, que busca

---

[50] En el artículo de Jelin (1994) con el que hemos trabajado en este trabajo, aquel que vincula el *feminismo* con la participación de las mujeres en la lucha por la defensa de los derechos humanos, se establece una consideración respecto de la participación de las mujeres en la historia del movimiento de derechos humanos en la región, particularmente en Argentina. La autora resalta que, en sus inicios, lo que convocaba a estas mujeres no era algo del orden de lo

resaltar algunos aspectos que serían propiamente femeninos, también se encuentra en otros discursos a lo largo del período, a saber:

> 4- Las mujeres, tal vez, tenemos algo que es, no el pragmatismo (…) sino que somos esencialmente prácticas; tenemos que serlo por esta doble obligación que tenemos de responsabilidad institucional pero al mismo tiempo de las otras del género, puntuales, concretas, aún en la Primera Magistratura, aún en el rectorado de una universidad, cosa que a los hombres muchas veces no les sucede, para suerte de ellos, porque, bueno, no es que sean malos, es toda una pauta cultural. Tenemos que ocuparnos en ambos casos nosotras, nos sobran las espaldas para hacerlo y acá estamos (12 de febrero de 2008)

> 5- Los hombres tienen problemas de rodillas; las mujeres no, tenemos que estar siempre fuertes porque si no después son devastadoras las críticas (27 de mayo de 2011)

Aparece, en (4), la puesta en discurso, explícita, de los *deberes femeninos:* uno, vinculado a la responsabilidad laboral; otro, propio del género, que responde a una *pauta cultural* y que excluye a los hombres. En términos de lucha feminista, el reconocimiento de las tareas vinculadas al hogar y la familia, de volver *visible lo invisible*, tuvieron su impulso en los años setenta, cuando se bregó por la consideración de la ama de casa como *trabajadora* y por lograr encuadrar esta actividad dentro de los derechos laborales correspondientes: "para llevar adelante la tarea, se hacía necesario un ejercicio de valoración de los cotidiano, de lo antiheroico, de la trama social que sostiene y reproduce" (Jelin, 1994: 13). En este marco, en varios discursos la enunciadora refiere a la importancia otorgada por el kirchnerismo al reconocimiento de la ama de casa como trabajadora, mediante su incorporación en el Régimen Previsional, buscando nombrar y darle existencia al trabajo dentro del hogar, con el fin de reivindicarlo. Público y privado se materializan en el discurso de la ex mandataria quien, de todos modos, naturaliza el hecho de que la diferencia sexual determine roles y modos de ser. Veremos, por ejemplo, cómo funciona esta naturalización al dar cuenta de los roles que la enunciadora le adjudica a Perón y Eva:

> 6- Porque Perón enseñaba, pero Evita conmovía, y sigue conmoviendo y conmocionando, es algo diferente. Es la sensación que uno siente cuando la ve, frágil en apariencia, pero tal vez con la fortaleza que solo dan quienes

---

ideológico, o de la lucha política, sino más bien del orden de lo afectivo: eran mujeres que habían perdido un hijo, un nieto, un familiar. Las organizaciones que las nucleaban aludían, por tanto, a un vínculo familiar (pensemos, a este respecto, por ejemplo en *Madres de Plaza de Mayo*). Además, "la feminidad/maternidad fue usada en Argentina como parte de una estrategia (…) [las Madres] estaban convencidas que corrían menos peligro que los hombres, o que los jóvenes, en las manifestaciones y protestas" (Jelin, 1994: 16).

están absolutamente convencidos de cuál es el camino, de cuáles son los ideales, de cuáles son los intereses que debemos representar (25 de julio de 2008)

Se repite en este fragmento la idea que vincula a la mujer con lo afectivo y que es, finalmente, lo que la diferencia del hombre: Perón enseña, Evita conmueve. La imagen de Eva, persistente en el discurso de Fernández de Kirchner, disocia *dos Evas* –sobre las que hicimos referencia en el capítulo II de nuestro trabajo[51]– que son, también, dos modos de entender el rol político de la mujer en nuestro país, variando en este péndulo, desde una *fragilidad aparente* hacia una significativa fortaleza.

Recordemos, sin embargo, algo que dijimos en el capítulo anterior: la imagen que de Eva en el discurso de CFK es construida doblemente pues, por un lado, Eva es la *Evita Montonera*, la *Eva política, combativa*; pero, por el otro, su imagen se vincula a un rol maternal: Eva es la madre de los descamisados y actúa como intermediaria entre el pueblo y Perón, lo que significa pensar a la mujer en el marco de una metáfora familiar, más sensible y empática, capaz de mediar entre uno y otro polo.

Para resumir: resulta imposible analizar el discurso de CFK desde su pertenencia genérica sin atender al carácter dialógico que comporta, en tanto su discurso aparece discutiendo con algunas representaciones de género que le eran atribuidas desde la prensa o desde sectores políticos opositores. La polémica, por tanto, como aquel discurso que hace presente dos voces y que presenta una confrontación en la que el enunciador lucha por marcar su supremacía (Amossy, 2016), permea el discurso de Fernández de Kirchner. En este sentido, CFK oscila entre definiciones del género que la vinculan con el cuidado y lo maternal y otras, que la relacionan con la lucha y la fuerza. No hay, por tanto, una univocidad en tal caracterización:

> CFK a diferencia de sus antecesoras peronistas, ha accedido al poder después de una carrera propia y como sucesora de su esposo, si bien su mérito político se ve puesto en duda y menoscabado a partir de la resignificación política de la heterosexualidad normativa dentro del matrimonio. En esa zona de intersección entre normatividad de género y matrimonio político reside su aspecto más controvertido y la impugnación "populista" a la forma de gobierno que de ese vínculo emana. En esas disputas CFK *generiza* la política, debatiéndose un lugar en medio de relaciones homosociales (de Grandis y Patroullieau, 2010: 40).

Del análisis realizado hasta aquí se desprende, en primer término, que la producción discursiva de la ex mandataria resalta los inconvenientes vinculados a la pertenencia genérica, escollos que serían constitutivos. En este

---

[51] Ver página 86 y ss.

sentido, ser mujer implicaría un esfuerzo, pues todo parece costar más; incluso, las críticas son *devastadoras* ("si tienen que criticarte y sos mujer lo hacen por el género" [27-03-08]) y se requiere de una *habilidad*, que está ausente en el hombre. De aquí, en segundo término, surgen otros aspectos, como la *practicidad* que ubica a la mujer cumpliendo una doble función: la de atender a los compromisos laborales y la de cuidar a los hijos y el hogar; como la *fuerza*, la *lucha* y el *ejemplo*, que le proveen las Madres y Abuelas de Plaza de Mayo, capaces de vencer *las adversidades más terribles*; y como el hecho de que *nos sobren espaldas para hacerlo*.

2.2. Nosotros los peronistas

En el Capítulo II de nuestro trabajo, al analizar el lugar de la memoria representada, dedicamos un apartado a dar cuenta de la lectura que la enunciadora realizaba del peronismo. Decíamos allí que, a partir de una enunciación que funcionaba "en el plano intemporal de la verdad" (Verón, 1987: 21), se definía al peronismo no solo como un movimiento político sino como "la respuesta argentina a un mundo dividido" (17-10-08) y a los peronistas, entre otras características, se los calificaba como no excluyentes, como "los creadores de la articulación entre capital y trabajo" (17-10-08) y como aquellos deseosos de construir, junto a otros, un espacio que posibilite la emergencia de un pueblo *más feliz*. Por otro lado, destacamos la importancia que adquiere la comparación entre el peronismo y el kirchnerismo, en tanto se intenta inscribir al kirchnerismo en la Historia (con mayúsculas), mediante la definición de una gesta en la que el kirchnerismo aparece homologado a grandes sucesos de la historia argentina –el peronismo entre ellos–, y en donde la enunciadora afirma que los conflictos actuales pueden concebirse como la materialización presente de confrontaciones históricas, reactualizando viejas antinomias. Por último, resaltamos la distancia que la enunciación presidencial realiza entre el peronismo y el pejotismo, identificando a este último con el *neoliberalismo* y, por tanto, con una interpretación errónea de la doctrina peronista situada en las antípodas de las creencias de la enunciadora: si para CFK, la inscripción en la tradición peronista colabora en la conformación de una identidad política, separarse de las interpretaciones neoliberales de esa tradición, comporta la misma importancia. Coincidimos aquí con Inda (2013) quien afirma que este distanciamiento no apunta solo a establecer una polémica, sino que "constituye una pieza de una disputa de mayor envergadura por el control político de las instituciones estatales, incluido el del partido justicialista" (p. 214).

¿Qué particularidades adquiere la enunciación presidencial desde este colectivo de identificación? Los colectivos de identificación, en tanto entidades semióticas, comportan variaciones a las que es posible atender de manera diacrónica: no hay un solo *nosotros los peronistas*, sino que el mismo va cambiando de acuerdo a las *condiciones de producción* del discurso. Claro está, los discursos en ocasión de la celebración del Día de la Lealtad Peronista, resultan de una significativa importancia a nuestros fines pues allí no hay dudas sobre su pertenencia partidaria: más allá de las variaciones que observaremos en el análisis, CFK es, en este marco, una militante peronista. Estos actos corresponden a lo que Fernández, M. (2017), estudiando distintas construcciones de una *liturgia política* en las intervenciones púbicas de CFK, denominó *ceremonia partisana*. Este tipo de visibilidad escenifica un "liderazgo como capacidad de conducción de una fuerza política y la pertenencia a una identidad acotada, singular, de partido" (s/p). Sin embargo y tal como veremos, CFK no es solo militante sino presidenta. En el primero de los actos por el Día de la Lealtad (2008), el colectivo que aglutina a los peronistas no se presenta de manera excluyente, sino que convoca a la participación de otros sectores no peronistas:

> 07- Hoy, argentinos y argentinas, esa respuesta política, social y cultural cobra más vida que nunca, cuando se derrumban los paradigmas del individualismo, de la especulación resurgen, con más fuerza que nunca, nuestras ideas. Pero no son ideas que sean excluyentes de otros argentinos, porque en este camino, en esta larga historia, que hemos hecho, desde aquel 17 de octubre de 1945, hemos hecho también muchos aprendizajes, hemos comprendido que con nosotros solos no basta, que es necesario convocar a todos los argentinos y a todas las argentinas que crean en la Patria, que crean en la Nación, en la producción, en el trabajo, en la educación, en la salud y en la cultura (17 de octubre de 2008)

Los peronistas quedan aquí subsumidos bajo colectivos más abarcadores, como son la *Patria* y la *Nación*. Un enunciadora *reflexiva*, que ha *aprendido y comprendido* entiende ahora la necesidad de incorporar a otros sectores o, mejor aún, a todos los *argentinos y las argentinas*. De aquí se deduce una particularidad que Sigal y Verón (2008) identificaron ya en el dispositivo enunciativo peronista y que tiene que ver con la complejidad de la relación entre "peronistas" y "argentinos", relación privilegiada pero que no supone una identidad simple, sino más bien un ambiguo juego de inclusiones y exclusiones.

En el discurso celebrado al año siguiente, el resultado de las elecciones legislativas de 2009 ya había generado ciertas rupturas al interior del peronismo que se hicieron visibles en la proliferación de una serie de actos para conmemorar el Día de la Lealtad. En aquel del que participó la ex mandataria, se convocaba además a un homenaje a Antonio Cafiero, histórico militante peronista. En coincidencia con lo observado en el año 2008, la enunciación presidencial no restringe su pertenencia partidaria, sino que entiende *que con nosotros solos no alcanza*:

08- Además, debemos saber que tenemos ideas, como decía Antonio, que vienen desde muy lejos: la dignidad de la justicia social, la independencia económica, pero también debemos saber que con nosotros solos no alcanza y, sino, miremos ese 17 de octubre (17 de octubre de 2009)

Lo mismo se observa en el acto realizado en el 2011, con la particularidad de que es el único discurso pronunciado el Día de la Lealtad, pero que no es anunciado como tal[52]:

09- Por eso decía hoy por la mañana que para aprender, ya que estamos con canales educativos y en educación, primero, hay que entender y comprender y yo creo que nosotros hemos aprendido de nuestros errores y hemos comprendido que no somos el todo, que somos una parte y que por eso convocamos a todos los argentinos a formar parte de sí, de lo que es único, irrepetible y que es una sola: nuestro país, Argentina (17 de octubre de 2011)

Podemos decir, entonces, que lo que caracteriza la enunciación presidencial en el marco de un *nosotros* que remite a una pertenencia partidaria – el peronismo– es el reconocimiento de un cierto *aprendizaje y comprensión* que se traduce en la necesidad de incorporar al conjunto de argentinos a esto que se caracteriza como *único e irrepetible*: la propia Argentina. Ahora bien, si es necesario convocarlos, es porque, de algún modo, los peronistas ya están dentro de esa comunidad a la que ahora se invita a participar a otros sectores. La enunciadora, desde el peronismo, ya pertenece a una comunidad marcada por la importancia dada a la producción, el trabajo, la educación, la salud y la cultura (07) por el ingreso de los trabajadores y la mujer a la política, por la construcción de un importante movimiento obrero. Es este el deslizamiento que opera entre los *peronistas* y los *argentinos*:

Reeditando, pero ahora desde el poder de Estado, la estrategia de la juventud peronista de los setenta, la ideología presidencial apunta a la construcción de una *posición hegemónica* en el seno del aparato partidario peronista, corrompido por las prácticas neoliberales de los noventa, y, al mismo tiempo, pretende *ampliar las bases de sustentación del peronismo*, sin abandonar sus banderas históricas e incorporando nuevos registros. Es claramente un discurso de organización, de construcción de una acción hegemónica *desde* el aparato estatal[53] (Inda, 2013: 226).

---

[52] Lo que se celebra el 17 de octubre de 2011 es el aniversario número 60 de la primera emisión de la Televisión Argentina.

[53] Los resaltados son del original.

Ahora bien, hablar *en nombre de* funciona como fuente de legitimación, que dota al enunciador de *la fuerza de la verdad* (Schaer, 2015). La enunciadora se asume como portavoz de una serie de ideas y es, a través de ella, que se materializa el apoyo al peronismo:

> 10- Así que, quiero agradecerles a todos y a todas por su apoyo, por su aliento, por su esfuerzo militante, por su convicción y por su compromiso, que no es con esta mujer, es, en todo caso, con la ideas y con la historia que esta mujer representa en nombre de miles y miles y de millones y de millones que creen que es posible transformar la realidad desde la política y aun luchando contra los grandes intereses, porque así hemos nacido, luchando contra los grandes intereses que no querían una patria donde los trabajadores tuvieran derechos, donde las mujeres pudiéramos votar, donde fuéramos libres y que, además, es lo único que importa (17 de octubre de 2009)

Confluyen aquí la historia del peronismo en la figura de la enunciadora, quien se asume representante del movimiento y capaz de continuar con el legado de su tradición partidaria. Sin embargo, la riqueza del discurso del año 2009 y, también, de otros pronunciados en el año 2010, está en su autodenominación como *compañera* y *militante:* "no va a hablar la Presidenta de la Nación, sino que va a hablar la compañera de todos ustedes" (17-10-09), "acá soy una más" (14-09-10), "hoy frente a los trabajadores vengo a hablar como una compañera más. Una compañera que tal vez tiene más responsabilidades que otros" (17-10-10).

Si atendemos ahora al discurso que tuvo lugar en el año 2010, la escenografía –en su sentido lato –comporta grandes diferencias respecto de los anteriores actos: por primera vez, en siete años de gobierno kirchnerista, el Día de la Lealtad fue celebrado en el estadio de River Plate y organizado por la Confederación General de los Trabajadores (CGT). La incorporación de la CGT al acto determina un vínculo distinto con los destinatarios. La importancia de este acontecimiento se vislumbra desde el inicio del discurso:

> 11- Compañero Secretario General de la CGT; compañeros de la Comisión Directiva; compañeros y compañeras trabajadoras de la República Argentina: siento que este acto maravilloso y multitudinario refleja como pocas cosas la profunda transformación política, social y económica que ha tenido la patria en estos años (17 de octubre de 2010)

La incorporación de la participación sindical al acto, dada la importancia que reviste para la historia del peronismo, conlleva a la caracterización de ese día como *maravilloso, feliz,* un día de *conmemoración, de festejo y de agradecimiento.*

La enunciación presidencial demarca su terreno de pertenencia: un gobierno, un proyecto de país y de nación, proyecto que resulta de la interpretación del sueño de aquellos que se movilizaron para liberar al General Perón: "Esto es un aspecto clave dado que reconstruye una historicidad actualizada capaz de interpelar a un sujeto político correspondiente al 'peronismo'" (Schaer, 2015: 17).

Quisiéramos resaltar aquí un punto, no menor, que da cuenta de la confluencia entre peronismo y kirchnerismo, entre los *derechos sociales* –propios del peronismo y encarnados en la figura de Eva– y los *derechos humanos* –tópico recurrente en el kirchnerismo y encarnado en Madres y Abuelas de Plaza de Mayo–:

12- Los que son más viejos, como mi mamá, se acuerdan de lo que pasó en el '55; los que estamos en edad intermedia, nos acordamos de lo que pasó en el '76. Afortunadamente para todos, y esto sí es un salto cualitativo, ya no volverán más esos golpes de Estado, porque las Fuerzas Armadas han sido recuperadas para la democracia a partir de sus propios fracasos y de su propia historia. Pero nuevas formas, nuevos métodos, nuevos procedimientos se utilizan. Ya no son tanques ni soldados, sino relatores que nunca se sabe quién les paga, aunque es fácil saberlo cuando uno mira los anunciadores o recorre un diario midiendo qué es lo que se defiende. Y vienen precisamente a tratar de desarticular los procesos de organización popular, que no son procesos políticos sin errores porque es imposible no equivocarse; solamente los que no hacen nada nunca se equivocan y porque la historia, además, no se escribe con letra y tinta china, muchas veces la historia viene con letra torcida y con avances y retrocesos (09 de febrero de 2010)

13- Cuando desde aquel 25 de mayo del 2003, uno de los nuestros, uno de aquella generación, mi compañero de tantos años, llegó a la presidencia de la República, yo comencé a sentir la necesidad de imaginar en cada uno de nuestros actos, en cada una de nuestras políticas, en cada uno de nuestros compromisos, en dónde hubiera estado ella [Evita]. Y me la imaginaba junto a miles pidiendo memoria, verdad y justicia, junto a las Madres y a las Abuelas. Porque ellas sabían que solo la justicia y la verdad traen la paz; me la imaginaba diciéndonos a todos que nuestro lugar era aquí, en América Latina, junto a los países vecinos, hermanos, comprometidos en un mismo camino de transformación; me la imaginaba junto a nosotros, cuando volvimos a poner a nuestros jubilados, a sus jubilados, otra vez en la dignificación del reconocimiento; la imaginaba y la imagino junto nosotros, en cada lucha, en cada combate, en cada acción por la cual logramos que un argentino vuelva a tener trabajo, vuelva a tener educación, vuelva a tener salud, vuelva a tener seguridad, allí la imagino, junto a las grandes transformaciones, con los grandes compromisos (25 de julio de 2008)

Los peronistas y, por tanto, la enunciadora como portavoz de ese colectivo, pasan de la identificación con los *derechos sociales* a la identificación con los *derechos humanos*, estableciendo que "la lucha contra la impunidad y por la memoria es *también una lucha del peronismo*"[54] (Inda, 2013: 223). Esta

---

[54] Las cursivas son del original.

articulación resulta novedosa pues interpela a las masas populares, a partir de la guía de Eva, a un reclamo en torno a nuevos objetivos que, hasta entonces, estaban delimitados a ciertas organizaciones:

> La denuncia del terrorismo de Estado como práctica disciplinadora de las clases populares no constituye una simple nota de color en el discurso kirchnerista sino una pieza esencial de su posicionamiento político actual y del sentido que busca imponer al proyecto nacional, popular y democrático. Produce el efecto de dividir aguas no solo respecto de las ideologías "de derecha" o "destituyentes" que abiertamente defienden el accionar de la Junta Militar y el modelo económico neoliberal, sino también, y he aquí lo que nos ha interesado en estas páginas, respecto del "peronismo de derecha" que no considera esencial la lucha contra la impunidad (Inda, 2013: 227)

Dada la importancia que en la producción discursiva de CFK adquiere la inscripción y la definición de ciertas *generaciones* podemos decir que, de su enunciación *desde* el peronismo, se recupera aquella generación con la que se identificó el ex Presidente, la *generación diezmada*. Esa generación, cuyas primeras experiencias militantes fueron en las filas del peronismo, luchaba *contra* un Estado: un Estado represor, primero; un Estado empresario, después. Esta es, entonces, la *CFK militante*:

> 14- Como el Presidente formamos parte y muchos de ustedes también de los que están aquí sentados, que no somos marcianos ni Kirchner ni yo, somos miembros de una generación que creyó en ideales y en convicciones y que ni aún, ante el fracaso y la muerte perdimos las ilusiones y las fuerzas para cambiar al mundo (10 de diciembre de 2007)

> 15- Había en todos nosotros, en aquellos años difíciles del retorno de Perón a la patria, en muchos de nosotros, una suerte de mirada despectiva tal vez a las formas democráticas, los que son de mi generación lo deben recordar en nuestras luchas en la Universidad. Pero luego aprendimos, luego aprendimos con letras de sangre y fuego que la democracia no era un valor cualquiera, que la democracia, la posibilidad de expresarnos, de elegir, de que nadie sustituya la voluntad popular ni por la fuerza de las armas ni por la distorsión o la mediatización de los hechos, hemos aprendido, entonces, a comprender que la democracia es un instrumento esencial para poder brindar bienestar a nuestra sociedad (17 de octubre de 2009)

Identificarse con una generación supone la apelación a una comunidad, marcada fundamentalmente por un rasgo temporal, pero al que también se le atribuyen ciertos significados. Hay elementos de esa generación, valores, tópicos, ideas-fuerza que son realzados por el discurso presidencial. Esta generación, la *generación diezmada*, es un puente de unión con Kirchner – aún más importante una vez que fallece el ex presidente– y con otros militantes con los que se comparten definiciones, modos de ver, experiencias, sentires. Es, en fin, una comunidad de pertenencia. ¿Cómo aparece caracterizada esta comunidad? En primer lugar, por algunos lexemas que remiten a la dificultad: el fracaso, la muerte, los años duros/difíciles, las prohibiciones. En segundo lugar, por el valor otorgado a *los ideales y las convicciones* – (14) – sostenidos aún en escenarios de adversidad, y a la importancia de la democracia – (15) –. Como dice Montero (2012a) respecto del *ethos militante* de NK, "la centralidad de las convicciones, las utopías y los sueños coloca en el núcleo del imaginario militante los aspectos subjetivos y valorativos de la práctica política, que es concebida como un ámbito de voluntad, vocación y decisión" (p. 154). En este sentido, la política no se define por términos "'pragmáticos', 'formales' o 'burocráticos' [sino que] se postula como una práctica subjetivamente motivada que se nutre de valores, convicciones, sueños, ideales y utopías, de modo que el 'sujeto político' tiene allí un rol fundamental y prioritario" (p. 154). Esta inscripción en la *generación diezmada* se vincula a un marco más general de emergencia, luego de 30 años de democracia ininterrumpida, de una serie de narrativas "que revisan y *conmueven las representaciones históricas sobre los años '70*"[55] (Lesgart, 2006: 167) y que cuestionan los relatos que, hasta entonces, habían permanecido cerrados.

2.3. De la generación diezmada a la generación del Bicentenario

La enunciación desde el género y desde el peronismo son algunos de los lugares en los que se sitúa la ex mandataria aunque, claro está, no son excluyentes. Analizaremos a continuación otros colectivos de identificación que resultan de interés a nuestros fines.

Habiendo asumido con poco más del 45% de los votos, recordemos que el alto índice de imagen positiva y legitimidad constitucional con el que comenzó su gestión CFK no fue, sin embargo, duradero. A pesar de erigirse como *el cambio en la continuidad*, lo que significaba "continuar con el crecimiento y la mejora en la condición social de los más desfavorecidos, y a la vez hacerse cargo del extendido reclamo de mejoras en la institucionalidad" (Cheresky, 2009: 29), tanto la crisis con el sector agropecuario como las sospechas de corrupción que provenían del mandato de NK y la pelea con el Grupo Clarín, significaron un descenso en estos índices[56]. Lejos de responder a las demandas que se esgrimían desde los medios opositores y desde

---

[55] El resaltado es del original.

[56] Para citar solo un ejemplo, la consultora Poliarquía, le otorgaba 51% de imagen positiva a la ex mandataria en enero de 2008 y cerca de un 20% después del voto "no positivo" de Julio Cobos.

algunos políticos también opositores, y que esperaban un discurso concilia-dor de parte de la ex mandataria, la misma pareció redoblar la apuesta y construyó un tipo de discurso político basado fundamentalmente en el esta-blecimiento de fronteras dicotómicas e irreconciliables. Como dijimos en el capítulo II de este trabajo, los *discursos neoliberales* se constituyeron como el *contradestinatario* por excelencia en la producción discursiva de la ex manda-taria, *contradestinatario* que aglutinaba una serie de actores políticos y sociales y que incluía tanto a sectores vinculados con la última dictadura cívico-militar, como a aquellos que participaron del gobierno instaurado en 1989, las corporaciones mediáticas y los sectores económicamente más poderosos del agro. En este sentido, hay algo que a nuestro propósito resulta clave: *se enuncia desde la democracia*. A riesgo de resultar obvios, lo que queremos decir con esto es que todo lo que en el discurso de la ex mandataria es alteridad, es también y al mismo tiempo, antidemocrático, destituyente. Lo analizamos en el capítulo II a propósito del lugar de los medios y del conflicto con el sector agropecuario acontecido en el 2008, capítulo en el que mostramos que la enunciadora no solo rechazaba los enunciados provenientes de estos actores sino que descalificaba su marco discursivo, entendiendo que res-pondían a un marco ideológico que, para CFK, resultaba inaceptable. Tam-bién, cuando marcamos la importancia que adquieren las Abuelas y Madres de Plaza de Mayo en tanto *modelos de conducta*:

> 16- Me di cuenta, entonces, que estaba ante otro escenario, ante otro cuestionamiento, ya no era retenciones sí o retenciones no, ya no eran intereses, se estaba socavando, se estaba interfiriendo en la misma cons-trucción democrática, esa que nos dice que son los representantes del pue-blo, elegidos en elecciones libres, democráticas y sin proscripciones, los que deciden, deliberan y ejecutan (18 de junio de 2008)

> 17- El 28 de junio no solamente está en juego la posibilidad de seguir con-servando este modelo y proyecto de país, sino que además también está en juego la estabilidad democrática y la calidad institucional (29 de abril de 2009)

Como podemos observar, *los otros* desconocen la voluntad popular, vo-luntad que permitió la emergencia de un proyecto político que, en palabras de CFK, tuvo como objetivo "la recuperación de la dignidad nacional" (09-07-10). Si la amenaza y la creencia son, según de Ipola (1997), "piezas esen-ciales en la lógica que preside la constitución de las identidades colectivas" (p. 66), advertir sobre la peligrosidad de este *otro negativo* –que se *camufla*, que despliega acciones *sutiles, difusas*–, funciona como vínculo *contra* aquello que resulta inaceptable. Ahora bien, enunciar desde la democracia es, tam-bién, enunciar desde las distintas funciones desempeñadas por CFK duran-te su carrera política, dado que el respeto a las instituciones democráticas no aparece solamente vinculado a su rol de Presidenta de la Nación sino, también, a sus cargos ejercidos como senadora y diputada[57]. Además, dar cuenta de las funciones desempeñadas anteriormente, le permiten marcar una continuidad ideológica entre lo sostenido en los años '90 y lo defendido en el marco de su gestión presidencial:

> 18- Yo he sido legisladora como ustedes, me ha tocado perder muchísimas votaciones, votaciones terribles para el país como aquella que perdimos de los superpoderes de Cavallo, como la que perdí de la primera reforma laboral de Erman González, como la otra que perdí que fue la segunda reforma laboral, un poco más bochornosa, la de la BANELCO, esa también la perdí; perdí también la votación de la ley que derogó el delito de subversión económica y que permitió que ninguno de los que se habían robado el país tuviera ni siquiera una citación de la Justicia, pero nunca, nunca que perdí una votación fui a ver a un juez o a demandar a la Justicia para que la Justicia me diera los votos que yo no pude conseguir en este recinto (01 de marzo de 2010)

La enunciadora se sirve de su ejercicio como senadora y diputada para resaltar la importancia del funcionamiento de las instituciones democráticas, a partir de un relato de su propia experiencia en el Parlamento, experiencia que aparece narrada con cierto dejo de frustración –recurrencia del verbo *perder* utilizado en (18), tanto en la primera persona del singular como del plural– y de cansancio –visible en *madrugadas y fines de semana enteros*–. En todos los fragmentos, se construye un *ellos* antitético respecto del lugar de la enunciadora, en el que se aprecian los tres procedimientos constitutivos del discurso polémico: dicotomización, polarización y descrédito hacia el otro (Amossy, 2016). En el discurso polémico no alcanza con exponer dos puntos de vista que se excluyen mutuamente, sino que se vuelve necesario desprestigiar al otro, no ya mediante el *logos*, sino desacreditando su *ethos*, quitándole cualquier confianza que podría emanar de sus palabras. En (18) las posiciones antitéticas resultan de una oposición entre, por un lado, la enunciadora, quien afirma no haber acudido a la justicia ante la pérdida de una votación y, por el otro, un *ellos* que sí habría llevado a cabo esa práctica. Esto, que en principio no se afirma explícitamente, aparece luego identificado: "veo luego a legisladores que como no logran tener los votos que necesitan aquí adentro, van y encuentran jueces" (01-03-10). Si se piensa en la importancia de la división de poderes, la denuncia no es menor: nuevamente, estos *ellos* llevan a cabo prácticas antidemocráticas.

---

[57] Aquí aparece una de las grandes diferencias entre los lugares de enunciación de Perón y Fernández de Kirchner: al tiempo que el primero situaba su llegada desde fuera del ámbito de la política, desde las filas del ejército y, más tarde, desde el exilio; la ex mandataria enfatiza continuamente su ejercicio de la función pública

Esto que hemos analizado hasta aquí es lo que, en el Capítulo II, identificamos como el *argumento institucionalista*, que servía, principalmente, para quitarle credibilidad a las palabras que aparecían en los medios y, en general, a todos aquellos que no contaban con representación partidaria. Apelar a las funciones políticas desempeñadas con anterioridad es utilizado, a su vez, para reafirmarse en este lugar que enfatiza la importancia de su carrera política, desestimando los argumentos que intentaban ligar su candidatura presidencial *solamente* al hecho de ser la mujer de Kirchner.

Ahora bien, si la generación de la que proviene la enunciadora es aquella que en el anterior apartado describimos, la *generación diezmada,* podemos ahora identificar un punto de llegada que postula la emergencia de otra generación, de la que CFK también forma parte (aunque, ahora, con otra responsabilidad institucional, el ser Presidenta de la Nación). La *generación del Bicentenario* –a la que nos referimos brevemente en el capítulo II– se sitúa, según Bermúdez (2015), como superadora de la generación de los '70. Se pasa de una pertenencia generacional marcada por la violencia y la ausencia de democracia, a otra en la que se reivindica el lugar del Estado, de la discusión política, de la inclusión social, de la redistribución del ingreso, del institucionalismo; unificando "por un lado, el imaginario de la justicia social, propio del peronismo; y, por otro lado, el imaginario de la 'modernidad' en relación con el avance científico-tecnológico" (Maizels, 2015: 235):

> 19- Eso fue, en definitiva, el peronismo: un hacerse cargo de las demandas de distintos sectores sociales y políticos que no veían a una dirigencia que los representara a ellos y a los intereses del país y nosotros, y cuando hablo de nosotros hablo de la generación del Bicentenario porque somos la generación del Bicentenario (26 de abril de 2010)

> 20- Por eso creo que estamos ante una inmensa responsabilidad, yo digo que han pasado 200 años y hoy, los que nos ha tocado hablar desde este lugar, podemos denominarnos la generación del Bicentenario. Desde los sectores empresarios, desde los sectores del conocimiento y de la universidad a través del titular del Consejo Interuniversitario Nacional, el CIN, quien les habla, una mujer que tiene el honor de desempeñar la Primera Magistratura justamente en el Bicentenario de la patria, los que aquí están y los que no están también, tenemos la inmensa responsabilidad ante esta verdadera oportunidad histórica en la que estamos (1 de mayo de 2010)

Es en (19) en donde opera la confluencia entre el peronismo y la *generación del Bicentenario*, rescatando del primero la convergencia de distintos sectores al interior del partido y del segundo, la voluntad, la vocación, el esfuerzo, que implica, tal como se observa en (20) una *inmensa responsabilidad*, responsabilidad que recae sobre las espaldas de la enunciadora y de todos aquellos que detentan compromisos institucionales o sectoriales. Es, en este sentido, una generación más abarcadora que aquella de la que proviene la ex mandataria, vinculada a su pertenencia partidaria. Esta nueva generación que propone Fernández de Kirchner encuentra su anclaje en *el lugar del Estado*. Como trabajamos abundantemente en los capítulos anteriores, el kirchnerismo (desde el 2003 en adelante) se adjudica el logro de haber recuperado el valor de la discusión política, de haber permitido la incorporación de la juventud militante, de proponer otro vínculo –distinto al establecido desde la dictadura a los años '90– entre la política y la economía. De aquí la importancia de que, quien enuncia, lo haga desde el lugar del Estado, reformulando lo que por él se entiende: un Estado que no es la mera instrumentalización de políticas, que no es un Estado empresario, sino el sitio donde se genera una comunidad de pertenencia. Un pequeño pasaje del discurso pronunciado por CFK en Puerto San Martín, resume esto que estamos describiendo:

> 21- El Estado, no el Gobierno, porque yo quiero que ustedes sepan que uno es el Gobierno pero en realidad está representando al Estado argentino (…) Nosotros, el Estado, está claro que es el Estado, no es esta persona ni este sector político, el Estado (19 de julio de 2011)

El Estado, aunque encarnado en la figura de CFK, aunque siendo ocupado por el kirchnerismo, es un lugar que resulta transitorio frente a una función de suma importancia: velar por el bienestar del pueblo argentino. La diferencia establecida en este fragmento entre Estado y Gobierno también recupera discusiones sobre quiénes son los beneficiarios de la función pública: "Esto no puede ser de un sector político, hay que empoderar a la sociedad de estas conquistas, de estos avances y convertirlas en políticas de Estado" (19-07-11). La adjudicación de nuevos sentidos a lo que se entiende por Estado, actualiza algunos antiguos tópicos del peronismo y en este sentido:

> La intervención del líder queda así definida, como puede verse, como acción que lo coloca en el lugar de una carencia: la insuficiencia, el disfuncionamiento de las instituciones (del Estado) que resulta de la degradación de la sociedad civil. Su *presencia* se vuelve así el significante de una *ausencia* que el líder viene a asumir: llegar quiere decir venir a ocupar el lugar de esa "cosa pública" que no existe más y que es sin embargo indispensable para que la Nación exista (Sigal y Verón, 2008: 43).

Es este el lugar de CFK, el de –en el marco del proyecto kirchnerista y en continuidad con las políticas puestas a punto por la gestión anterior– ocupar el lugar de esa carencia que es producto de una concepción del Estado que lo pone en las antípodas de lo que proclama la enunciadora. El Estado, hasta la asunción del kirchnerismo funcionó, de acuerdo a lo que hemos analizado en el discurso de CFK, como apéndice del mercado abandonando los intereses del pueblo. De aquí la importancia de resignificar lo que se entiende por Estado y de remarcar la diferencia entre este y el Gobierno.

2.4. Nosotros los kirchneristas

De los colectivos de identificación analizados hasta aquí, se desprende la definición de lo que, en el discurso de Fernández de Kirchner, aparece como *el proyecto* o *el modelo*. En términos generales, estos términos funcionan como modo de definición de lo que se entiende por kirchnerismo, en tanto se adjudican una serie de sentidos y características que delimitan un período histórico que va del 2003 al momento de la enunciación. Dado el carácter esencialmente polémico del discurso de Fernández de Kirchner, este *modelo* aparece determinado por oposición a otro, el *modelo neoliberal*.

La enunciadora se sitúa ahora como portavoz de un colectivo, *el proyecto kirchnerista* que sintetiza las conquistas de los gobiernos de Néstor Kirchner y el propio. Así lo caracteriza CFK:

22- ¿En qué consiste básicamente este modelo, que como él [el intendente de Olavarría] decía comenzó en el año 2003? Consiste en un modelo de matriz diversificada basado, fundamentalmente, en valor agregado que permite que la gran parte de los argentinos tengan trabajos y salarios que les permitan ingresar a una vida digna (26 de marzo de 2009)

Las definiciones en torno a lo que es el *modelo*, se inscriben en aquello que aquí definimos como el *ethos magistral*, dado que la enunciadora explica, describe, define situaciones y coyunturas, planteando un lugar desigual entre aquellos que se constituyen como destinatarios de estos discursos. Además, se apela a términos técnicos propios de la economía –proyecto de *matriz diversificada basado en valor agregado*–, lo que refuerza su conocimiento acerca de la materia sobre la que versa su discurso, generando un efecto de credibilidad a los ojos de la ciudadanía que se corresponde con el *ethos de la credibilidad* desarrollado por Charaudeau (2006), construcción centrada en el *logos*. El proyecto kirchnerista es definido por CFK como aquel capaz de devolverle la dignidad al pueblo, otorgando trabajo y sueldos que así lo permitan. A este respecto resultan particularmente interesantes los discursos pronunciados en ocasión de las inauguraciones de períodos ordinarios del Congreso de la Nación Argentina, durante los cuatro años de mandato de CFK. Estos discursos, pronunciados todos los primeros de marzo tienen la particularidad de ser tanto retrospectivos como prospectivos y en los cuales el enunciador debe cumplir con lo dispuesto por la Constitución Nacional: *la rendición de cuentas sobre el estado de la Nación y la presentación de medidas necesarias y convenientes*. Además, tienen un peso simbólico por la importancia de la legitimidad de la institución estatal:

23- Podemos decir que esas bases y ese nuevo escenario que supo plantearles a todo los argentinos rindió sus frutos y por eso hoy estamos, ya no en una etapa de construcción de bases como la que a él le tocó vivir y hacer contra viento y marea, sino en una etapa de construcción de certezas (01 de marzo de 2011)

24- Hemos comprobado que el modelo que hemos sostenido desde el año 2003 a la fecha pudo sortear la crisis más importante de la que se tenga memoria en el año 2009 y tuvo un crecimiento y vamos a volver a tener un crecimiento muy importante en este año 2011, que nos permitió llegar con cobertura social a sectores que no llegábamos y esto también llevó a que creciera la demanda agregada (01 de marzo de 2011)

Los discursos aquí desplegados son del orden de la constatación; el repaso de las desventuras con las que se encontró Kirchner al iniciar su mandato en el 2003 encuentra un punto de llegada, una especie de horizonte en el que se construyen las certezas y ese es el papel que el Bicentenario juega en el discurso presidencial. Aparecen allí dos etapas del *modelo kirchnerista:* una, de construcción y fundación de bases *contra viento y marea*; otra, de construcción de certezas, cuestión que hubiese sido imposible sin la actuación de ese *loco*, de ese *héroe*, que supo poner de pie a la Argentina. De aquí la importancia que la idea de recuperación o reparación adquiere en la producción discursiva de la ex mandataria:

25- Siento que estamos volviendo a poner las cosas en su lugar, recuperando entre todos una historia, no para nuestro sector, sino fundamentalmente para todos los argentinos (14 de mayo de 2008)

En la red de significaciones imaginarias propuestas por el discurso de la ex presidenta, la idea de reparación resulta eficaz discursivamente pues "se apoya en la posibilidad de hilar una historia nacional en el marco de una tradición signada por la disrupción de proyectos políticos" (Patrouilleau, 2010: 38-39):

Desplegando una gran productividad y racionalidad política, el kirchnerismo se proclama capaz de hacerse cargo de las tareas pendientes, de afrontar las pesadas herencias del pasado y, con ello, recuperar la potencia transformadora de la política, hasta entonces devaluada. Al hacerlo, el kirchnerismo permite pensar a la comunidad política imaginada como un proceso activo, como una construcción creativa y como un producto inacabado que está siendo siempre disputado en cuanto a su significación última (...) La comunidad política que es narrada e imaginada por el kirchnerismo se abre paso en la densa trama que se plantea entre lo nuevo y lo viejo, lo que cambia y lo que permanece, lo instituyente y lo instituido; en definitiva: entre sus rupturas y continuidades (Chaboux y Rolfi, 2015: 58-59).

De aquí que los valores resaltados por el discurso presidencial en torno a la definición del *modelo kirchnerista*, funcionan en tanto se oponen a un *otro* que *miente, tergiversa, engaña*:

Para cada enunciador-portavoz de su colectivo de identificación, el problema consiste en descalificar la palabra de los otros, intentando mostrar que la posición de enunciación de estos no es la que proclaman: mienten o se equivocan; engañan y/o nos engañan. Cada palabra política debe entonces 'trabajar' la pretensión de verdad de los discursos adversarios para mostrar, precisamente, que solo se trata de una pretensión (Sigal y Verón, 2008: 246).

El discurso de CFK trabaja, entonces, sobre esa pretensión de verdad, mostrando que solo se trata de eso, de una pretensión. Frente a estos *otros*, el *modelo* permite el ingreso a una vida digna, posibilita la inclusión social, la vigencia de los DD.HH., la redistribución del ingreso, permite a los hombres recuperar la dignidad del trabajo, mediante un modelo de matriz diversificada. Vuelve, en fin, a poner las cosas en su lugar.

La noción de *proyecto* es potente argumentativamente dado que permite salir del ámbito de la singularidad y adjudicarle al *adversario* ese lugar:

26- Ud. [se refiere a Kirchner] pudo junto a todos los argentinos, revertir aquella sensación de frustración, de fracaso, de no poder que millones de argentinos sentíamos en esos días que corrían. Lo hizo en nombre de un proyecto político. Ud., después de todo, nunca fue un posmoderno; en tiempos de la posmodernidad, Ud. es un Presidente de la modernidad y me parece que yo también. Creemos firmemente en los proyectos políticos; creemos que es posible superar las individualidades que muchas veces con una frase pretendidamente escandalizadora pretenden ocupar, claro, lugares que demandan mucho más lugar si son ideas (10 de diciembre de 2007)

Hay, en este ejemplo en particular, y en la enunciación que recupera la idea de *modelo o proyecto kirchnerista* en general, una recurrente oscilación entre un *nosotros exclusivo*, que refiere a un "nosotros, la pareja presidencial" y el uso de otra primera persona del plural que refiere al modelo, permitiéndose capitalizar los logros obtenidos durante la gestión del ex presidente. El uso del presente, cuando CFK enuncia *desde el modelo*, es altamente valorado pues el kirchnerismo, recordemos, se presenta como una *oportunidad histórica:* "Si, como hemos visto, el pasado ha sido el 'infierno', y el presente, el 'purgatorio', el discurso de Cristina Fernández permite aventurar un futuro 'celestial' a través de la continuidad del proyecto iniciado por Kirchner" (Maizels, 2015: 233). Esta *oportunidad histórica* resulta de un pasado pleno de frustraciones y fracasos que encuentra en la emergencia del kirchnerismo la posibilidad de *ingresar a una vida digna*, de generar un proyecto *de inclusión social, de redistribución del ingreso*, un proyecto, al fin, que vuelve a *poner las cosas en su lugar*.

Reflexiones finales

Vestida de blanco, ingresó al recinto acompañada de Kirchner, mientras le llovían papeles que caían desde los balcones del Senado festejando su asunción. "Nunca pude aprender el protocolo", dijo Kirchner entre risas después de confundirse sobre algunos de los pasos a seguir en la ceremonia de traspaso de mando. Entre risas, también, Cristina le señala la banda presidencial, que Kirchner besa y le entrega. Luego, el bastón, al tiempo que la transmisión en vivo de la Televisión Pública la muestra a Ofelia, madre de Cristina, aplaudiendo eufóricamente. Mientras se acomoda para comenzar su discurso, se escucha "Y ya lo ve, y ya lo ve, es la gloriosa JP" y un "Viva la Patria" al que Cristina se suma, "Sí, claro, viva la Patria". Pasados los formalismos y las presentaciones de rigor, la presidenta electa sienta una de las primeras bases de su producción discursiva y dice: "Este es un escenario diferente al de hace apenas cuatro años y medio, el 25 de mayo de 2003. El presidente que está sentado a mi izquierda, junto a todos los argentinos, cambió en estos cuatro años y medio, ese escenario que teníamos aquel 25 de mayo. Lo hizo en nombre de sus convicciones, que son las mías, y las de muchísimos argentinos que siempre creímos en el país, y en sus hombres y en sus mujeres". El punto fundacional, un 25 de mayo de 2003, hace posible mirar hacia adelante, abre la posibilidad del futuro. Antes, el infierno; ahora, la realización de un sueño que parecía imposible.

Durante los cuatros años de presidencia analizados en este libro, Cristina pronunció más de mil discursos. Algunos, fueron emitidos por cadena nacional e irrumpieron en la grilla televisiva, generando amores y odios varios. Otros, fueron levantados por canales afines al gobierno y se transformaron en tapa de los principales diarios de circulación nacional. El conflicto con las patronales agropecuarias, la sanción de la *ley de medios*, el lanzamiento del programa "Fútbol para todos", del plan "Conectar igualdad" y de la

Asignación Universal por Hijo, la estatización de Aerolíneas Argentinas y de las AFJP, la sanción del matrimonio igualitario, la declaración de utilidad pública de la producción y comercialización de papel para diarios, la Ley Antiterrorista, la muerte de Kirchner, la renegociación de la deuda con el Club de París, la inauguración de Tecnópolis; estos son algunos, no todos, de los acontecimientos que se sucedieron durante los cuatro años de la primera presidencia de Cristina Fernández de Kirchner. Estas son, entonces, algunas de las *condiciones de producción* que analizamos en este libro y que dan base al dispositivo enunciativo que construyó la ex presidenta.

Pues bien, ¿qué hicimos en estas páginas? A grandes rasgos, podríamos decir lo siguiente. Primero, construimos un objeto de estudio: nos preguntamos sobre el modo en que se construye la identidad política en el discurso de Cristina Fernández de Kirchner durante su primera presidencia (2007-2011). Segundo, construimos un corpus: este libro analiza la totalidad de la producción discursiva de la ex presidenta. Tercero, elaboramos una serie de hipótesis, tanto teóricas como analíticas. Cuarto, pusimos a funcionar esas hipótesis en vínculo con nuestro marco teórico.

Quisiéramos remarcar, sin pretensión de exhaustividad, algunas de las aristas principales que se han desprendido de nuestro análisis; pero antes, un reconocimiento. Como hemos dicho, el campo de estudios que se ha propuesto analizar el discurso kirchnerista es vasto, tanto en términos de construcción de objetos, como en las perspectivas teóricas de las que se nutren. Investigadores de distintas pertenencias disciplinares han abordado diferentes aspectos de los discursos, tanto de NK como de CFK, preocupados por atender a sus particularidades. La huella de ellos está impresa en este libro.

En segundo lugar, algunas líneas sobre aspectos teóricos. Si acaso fuera posible armar un cuadro de paralelismos entre categorías de la ciencia política y del análisis del discurso, aquí podríamos construir el siguiente: identidad política/*ethos*; alteridad/polémica; perspectiva de la tradición/ memoria(s) representada(s); representación-liderazgo/colectivos de identificación-*ethos* político. Claro está que esto podría ser mal visto porque los paralelismos no implican relaciones de equivalencia; pero si se nos permite cierta laxitud, bien podríamos apelar a esas correlaciones. ¿Por qué? Hemos dicho a lo largo de este libro que nuestra concepción del *ethos* no se limita a la noción aristotélica otorgada al término, ni adhiere a aquellas teorías que lo entendían como una mera herramienta persuasiva. Por el contrario, nos situamos en el campo de la corriente francesa de análisis del discurso y adherimos a las definiciones que del término propone Maingueneau (1996, 2005), quien comprende al *ethos* en el marco de un determinado dispositivo enunciativo e indisociable de la construcción de una *escenografía*. En este sentido hemos remarcado una cuestión de suma importancia: en este trabajo no abordamos cualquier tipo de *ethos*, sino un *ethos político*. Por tanto, los discursos pronunciados en el marco de lo que aquí entendimos por *ethos político* aglutinan un conjunto de tópicos propios de la comunidad que se pretende representar. El *ethos político*, por tanto, encuentra, en el ámbito de la ciencia política, su correlato en la figura del líder, aquella *figura representativa* –tal como lo entiende Novaro (2000) – que funciona como operador a través de la cual se construyen la serie de relaciones propias de todo discurso –tal como lo definen Sigal y Verón (2008) –. Agregamos además, y de acuerdo a de Ipola (1982), que el *lugar de enunciación* del líder condiciona su enunciación, es decir, "cuando el sujeto de la enunciación es el propio líder, cada uno de sus enunciados aparece a sus receptores como afectado de una calificación *a priori* positiva" (p. 54). De aquí que el *ethos político* adquiere, en el caso de una enunciación presidencial, una importancia aún mayor dado que quien enuncia no representa a un sector, una parte, un partido, sino a la comunidad toda: "Antes que el sector, antes que nuestra propia individualidad están los intereses del país y de la Patria", expresó la ex mandataria en el acto por la Revolución de Mayo y en medio del conflicto con las patronales agropecuarias.

En el plano analítico, este libro describió, caracterizó y analizó un extenso período que comprende los cuatro años de la primera presidencia de Cristina Fernández de Kirchner, lo cual resulta en algo no menor: permite elaborar conclusiones que no tienen un alcance inmediato o excepcional, sino que responden a una articulación entre la palabra política y el sistema político durante todo un período gubernamental. ¿Cómo caracterizamos la enunciación presidencial? Rescatamos aquí tres aspectos: la construcción del *ethos magistral*, la irrupción del *ethos íntimo* y el conjunto de *colectivos de identificación* que caracterizan el dispositivo enunciativo objeto de análisis.

"Nos hicieron creer que debía importarnos más lo que opinaban desde afuera que lo que creía nuestro pueblo de las dirigencias", decía Cristina el 25 de mayo del 2008, en lo que mostramos como un claro ejemplo de la construcción de alteridad en el marco del *ethos magistral*. Este *ethos* lo caracterizamos como basado en la construcción de una *escenografía profesoral* que instituye un contrato pedagógico. La idea de conferencia magistral que lo caracteriza podría resumirse del siguiente modo: Yo –que sé y conozco– les explico a ustedes –que no saben– lo que ellos nos ocultan. Este *ellos* del discurso, tal como lo analizamos, es definido en tanto alteridad de manera manifiesta, aunque nunca directa. Además, el destinatario negativo muy pocas veces aparece vinculado a nombres propios; se apela, por el contrario, a una suerte de creencia compartida en la que el destinatario positivo repone aquello no dicho. Afirmamos, por otro lado, que el contradestinatario por excelencia de la discursividad de la ex presidenta lo constituyen los *discursos neoliberales*, discursos que se asocian a una gran variedad de actores políticos y sociales; esta amplitud es una de las características principales de este destinatario negativo. Ahora bien, gran parte de estos *discursos neoliberales* ya aparecían como alteridad en el discurso de Kirchner. Lo que resulta novedoso, sin embargo, fue la construcción de otros dos enemigos discursivos: *los medios* y *el campo*. "Si además quieren cambiar el modelo económico de país lo que deben hacer es organizar un partido político, presentarse a elecciones y ganarlas", denunciaba la ex presidenta en junio de 2008, durante el conflicto con las patronales agropecuarias, a través de un tipo de argumento que puso en el centro el funcionamiento de las instituciones democráticas. Por último, en el análisis que realizamos en el capítulo II, también referimos al modo en que se retoma, desde el discurso presidencial, la narración de hechos pasados. Esta narración se vincula a la idea de *reparación*, en tanto el kirchnerismo se presenta como aquella oportunidad histórica con posibilidad de romper *los 200 años de fracasos y frustraciones*. La interpretación dada al peronismo, al período comprendido por la última dictadura militar y la lectura de los 200 años de historia nacional, fueron trabajados en profundidad en ese capítulo, resaltando el carácter épico que construye el discurso de CFK.

"No solamente el padre de mis hijos; no solamente una relación de carácter marital, sino además una profunda relación política". Este fragmento, pronunciado el 26 de noviembre de 2010 en el marco de la IV Cumbre UNASUR, resume algunas de las características que identificamos en el caso del *ethos íntimo*, aquel *ethos* que adquiere preponderancia luego de la muerte de Kirchner. El *ethos íntimo* se desarrolla en una *escenografía íntima* que apela a una relación de empatía y proximidad con los *prodestinatarios*, que se saben ahora destinatarios privilegiados de la discursividad de la ex mandataria y a quienes se les confía el relato sobre el dolor de la pérdida. Podríamos resumir esta construcción del siguiente modo: Yo –presidenta, madre y viuda– comparto con ustedes –que sienten mi dolor– y reafirmo mi compromiso de velar por los intereses de la Nación –por mí, por ustedes y, sobre todo, por él–. Caracterizamos el discurso en este marco como fundamentalmente dialógico, dado que oscila entre reproducir y quebrar ciertos estereotipos de género, que buscaban deslegitimar la posibilidad de CFK de seguir gobernando y, más aún, de presentarse a una posible reelección. "Pero, a partir del 27 de octubre, se agregaron a todo lo que ya venía siendo descalificación, agravio, ficciones, mentiras, dos capítulos nuevos: medicina y psicología", denunció Cristina.

Uno de los aspectos de mayor relevancia del que dimos cuenta en el capítulo III tiene que ver con la preponderancia que adquiere la figura de Kirchner en el discurso de la ex presidenta. Kirchner comienza a poblar las alocuciones públicas de CFK a partir del relato de acontecimientos de la vida familiar, de la adjudicación de una serie de sentidos que lo vuelven heroico, *salmón*, aquel que lucha contra la corriente y deja la vida por el país. La utilización de la tercera persona mayestática genera una ilusión de omnipresencia, que sirve, además, como *fuerza* para que la enunciadora continúe su camino, a pesar de la *irreparable pérdida*.

Por último, en el capítulo IV de este libro, abordamos una serie de *colectivos de identificación* a partir de los cuales se erige el liderazgo político de CFK. Estos *nosotros* le permiten a la enunciadora situarse como portavoz e identificar ciertas comunidades de pertenencia. Hemos analizado cuatro aspectos: la enunciación desde el género, desde el peronismo, el pasaje de la generación diezmada a la generación del Bicentenario y la enunciación desde el *proyecto* –kirchnerista–.

Los colectivos de identificación analizados atraviesan el *ethos magistral* –y su respectiva escenografía profesoral– y el *ethos íntimo* –y su escenografía íntima–, y permiten realizar algunas consideraciones más generales respecto de las características que podemos definir como propias de su identidad político-discursiva y del modo en que se construye su liderazgo. En primer lugar, CFK enuncia *desde su pertenencia genérica* a través de un discurso eminentemente dialógico. Observamos allí la discusión con representaciones de género que le eran atribuidas tanto desde la prensa como desde la oposición. En este sentido reconocemos un péndulo en el que se recuperan ciertos sentidos que vinculan a la mujer con lo maternal y el cuidado de los otros junto a algunos aspectos relacionados a la lucha y el sacrificio que provienen del ejemplo dado por Madres y Abuelas de Plaza de Mayo: "Sé que siendo mujer me va a costar un poco más, pero que no se confundan con mi aparente fragilidad, tengo ejemplos de mujeres que vencieron a lo que ningún hombre podía vencer. Allí están, a un costado, con sus pañuelos blancos en la cabeza", expresó CFK en uno de los discursos más confrontativos que pronunció durante el conflicto con el campo. En segundo lugar, CFK enuncia *desde el peronismo*, caracterizándolo como un movimiento político que ha *aprendido* y *comprendido* de la necesidad de incorporar al conjunto de argentinos. "Hemos comprendido que con nosotros solos no basta", dijo en la celebración por el Día de la Lealtad Peronista del 2008. Es de la enunciación *desde el peronismo* que se recuperan ciertos valores e ideas-fuerza propias de la *generación diezmada*, puente de unión con Kirchner. En tercer lugar, reflexionamos sobre la enunciación *desde la democracia, las instituciones* y el *Estado*, en la que se destacan las funciones desempeñadas por la enunciadora como senadora y diputada permitiéndole marcar una continuidad ideológica entre aquello que sostenía en los años '90 y lo llevado a cabo en el marco de su gestión. Este presente conlleva la construcción de otra generación, la del Bicentenario, que reivindica el lugar del Estado y la discusión política; una generación que, como dijo la ex presidenta en septiembre del 2011, "es la que está cubriendo todas las deudas históricas, que se han generado durante décadas o de abandono, de equivocaciones, o de malas políticas". Por último, identificamos la enunciación *desde el proyecto o el modelo*, colectivo que sintetiza los logros de las gestiones de NK y CFK y se configura como oposición a otro modelo, el neoliberal.

Como hemos observado, la enunciación presidencial funciona, de manera sistemática, realzando el vínculo con sus partidarios a partir de fuertes e irreconciliables estrategias de distanciamiento respecto de sus adversarios. Ahora bien, es el paso de la *generación diezmada* a la *generación del Bicentenario* el que sintetiza la *identidad cristinista*: una identidad que, recuperando ciertos elementos de la militancia setentista –propios de la *generación diezmada*–, le suma uno no comprendido por aquella, el institucionalismo. Erigiéndose como la voz del Estado, CFK resignifica su función –la del Estado–, destacando la importancia de la política, inscribiéndose en un espacio novedoso en el campo de los liderazgos argentinos y construyendo una identidad que, como dice Lüders (2014), no duda de sí misma ni invita a un acuerdo parcial.

Es nuestro interés que estas páginas nos permitan continuar discutiendo, reelaborando, reflexionando acerca de las particularidades de un fenómeno que hace varios años viene ganando espacio en la academia. En este sentido, los aportes que aquí realizamos no clausuran los interrogantes que pudieran desprenderse sino, por el contrario, buscan actualizar un campo de reflexiones que ha situado a la construcción discursiva de la identidad política como eje vertebrador.

Ahora está de negro y sola junto al atril. Del otro lado, cientos de estudiantes con mameluco azul, mezclados con autoridades escolares y simpatizantes kirchneristas, escuchan atentamente su discurso. "Hoy como ustedes saben es el último día hábil del gobierno que comencé el 10 de diciembre del año 2007, cuando él me puso la banda y me entregó el bastón". Al final de la frase, la emoción le corta la voz y es interrumpida por un aplauso apurado que irrumpe el acto. Desde el fondo del lugar que es sede de la Escuela Técnica N°7 de Gregorio de Laferrere, el distrito más poblado de La Matanza, se corea: "Néstor no se murió, Néstor no se murió, Néstor vive en el pueblo la puta madre que lo parió". Otra vez, Cristina responde: "Chicos, que estamos en la escuela, no digan esas cosas". Ahora esa escuela se llama Dr. Néstor Carlos Kirchner.

Referencias bibliográficas

Aboy Carlés, G. (2001). *Las dos fronteras de la democracia argentina. La reformulación de las identidades políticas de Alfonsín a Menem*, Rosario: Homo Sapiens.

Aboy Carlés, G. (2003). "Repensando el populismo", en *Política y Gestión*, Núm. 4, Rosario: Homo Sapiens. pp. 9-34.

Aboy Carlés, G. (2005). "Populismo y democracia en la Argentina contemporánea. Entre el hegemonismo y la refundación", en *Revista Estudios Sociales*, Vol. 28, Santa Fe: Universidad Nacional del Litoral. pp. 125-149.

Aboy Carlés, G. y Canelo, P. (2011). "Dossier. Identidades, tradiciones y élites políticas", en *Papeles de Trabajo*, Año 5, N°8, noviembre 2011, Buenos Aires: Universidad Nacional de General San Martín. pp. 8-12.

Adelstein, A. (1996). "Las marcas de la enunciación en el enunciado", en Adelstein, A. (1996). *Enunciación y crónica periodística*, Buenos Aires: Ars.

Amossy, R. (2001). "*Ethos* at the Croassroads of Disciplines: Rethoric, Pragmatics, Sociology", en *Poetics Today. International Jorunal for Theory and Analysis of Literature and Communication*, EEUU: Duke University Press. pp. 1-23.

Amossy, R. (2016). "Por una retórica del *dissensus*: las funciones de la polémica", en Montero, A.S. (comp.). *El análisis del discurso polémico. Disputas, querellas y controversias*, Buenos Aires: Prometeo. pp. 25-38.

Annunziata, R. (2012). "¿Hacia un nuevo modelo de lazo representativo? La *representación de proximidad* en las campañas electorales de 2009 y 2011 en Argentina", en Cheresky, I. y Annunziata, R. (2012). *Sin programa, sin prome-*

sa. *Liderazgos y procesos electorales en Argentina*, Buenos Aires: Prometeo. pp. 45-87.

Arango, L. G.; León, M. y Viveros, M. (1995). "Introducción. Estudios de género e identidad: desplazamientos teóricos", en Arango, L. G.; León, M. y Viveros, M. (comps.) (1995). *Género e identidad. Ensayos sobre lo femenino y lo masculino*, Bogotá: Tercer Mundo Editores. pp. 21-35.

Arfuch, L. (2005). "Problemáticas de la identidad", en Arfuch, L. (comp.) (2005). *Identidades, sujetos y subjetividades*, Buenos Aires: Prometeo. pp. 21-43.

Arnoux, E. (2008). *El discurso latinoamericanista de Hugo Chávez*, Buenos Aires: Editorial Biblos.

Arnoux, E. (2009). *Análisis del discurso. Modos de abordar materiales de archivo*, Buenos Aires: Santiago Arcos Editor.

Aronskind, R. y Vommaro, G. (comps.) (2010). *Campos de batalla: las rutas, los medios y las plazas en el nuevo conflicto agrario*, Buenos Aires: Prometeo.

Authier-Revuz, J. (1984). "Heterogeneidade (s) enunciativa (s)", en *Langages Nº 73*, Francia. s/p.

Bajtín, M. (1986). "La palabra en Dostoievski", en Bajtín, M. (1986). *Problemas de la poética de Dostoievski*, México: Fondo de Cultura Económica. pp. 253-375.

Barthes, R. (1974). "La antigua retórica", en *Investigaciones retóricas I*, Buenos Aires: Tiempo Contemporáneo. pp. 13-80.

Barthes, R. (2014). *Mitologías*, Buenos Aires: Siglo Veintiuno Editores.

Becerra, M. y López, S. V. (2009). "La contienda mediática", en *Revista de Ciencias Sociales Segunda Época*, Nº16, primavera de 2009, Quilmes: Universidad Nacional de Quilmes. pp. 9-30.

Benveniste, E. (1997). *Problemas de lingüística general I*, México: Siglo XXI Editores.

Bermúdez, N. (2011). "La palabra política en el Bicentenario: rememorar y decir", en *Revista Anclajes* XV, 1 (julio 2011), La Pampa: Universidad Nacional de la Pampa. pp. 1-14.

Bermúdez, N. (2015). "La construcción *kirchnerista* de la memoria", en *Revista Linguagem em (Dis) curso*, Vol. 15, N° 2, maio/agosto 2015, Brasil: Editora UNISUL. pp. 229-247. Recuperado de http://linguagem.unisul.br/paginas/ensino/pos/linguagem/linguagem-em-discurso/1502/150202.pdf

Biset, E. (2012). "De almas bellas, mitologías y composiciones", en Barros, M; Morales, V. y Daín, A. (2012). *Escritos K*, Villa María: Editorial Universitaria de Villa María. pp. 135-150.

Blondel, J. (1987). *Political Leadership. Towards a General Analysis*, Londres: Sage.

Bourdieu, P. (1997). *Razones prácticas. Sobre la teoría de la acción*, Barcelona: Anagrama.

Bubenik, H. y Simison, E. (2012). "Néstor Kirchner: ¿significante flotante, vacío o mito?". Trabajo presentado en las *Terceras Jornadas Debates Actuales de la Teoría Política Contemporánea*, Buenos Aires, 10 y 11 de agosto de 2012. Recuperado de https://es.scribd.com/doc/99877189/Nestor-Kirchner-significante-flotante-vacio-o-mito#download

Butler, J. (2007). *El género en disputa. El feminismo y la subversión de la identidad*, Barcelona: Paidós.

Chaboux, M. y Rolfi, M. B. (2015). "La reinvención de lo político: Tramas y contornos del proyecto kirchnerista", en La Serna, C. (2015). *Los imaginarios estatales bajo la experiencia kirchnerista*, Córdoba: Universidad Nacional de Córdoba. pp. 41- 62.

Charaudeau, P. (2006). *El discurso político*, San Pablo: Contexto.

Cheresky, I. (ed.) (2009). *Las urnas y la desconfianza ciudadana en la democracia argentina*, Rosario: Homo Sapiens.

Cheresky, I. y Annunziata, R. (2012). "Introducción. Los desafíos de la democracia argentina. La primera presidencia de Cristina Kirchner", en Cheresky, I. y Annunziata, R. (2012). *Sin programa, sin promesa. Liderazgos y procesos electorales en Argentina*, Buenos Aires: Prometeo. pp. 13-42.

Cingolani, G. (2009). "Mediatización de la figura presidencial: espacios, estrategias y transiciones". Trabajo presentado en el *Pentálogo Inaugural CISECO*, Brasil, 28 de septiembre a 2 de octubre de 2009. Recuperado de https://comycult.files.wordpress.com/2009/03/cingolani-mediatizacic3b3n-de-la-figura-presidencial2.pdf

Cingolani, G. (2015). "La mediatización, entre los cuerpos ciudadanos y el cuerpo presidencial", en Castro, P. C. (org.) (2015). *Dicotomía Público/Privado: estamos no caminho certo?*, Maceió: EDUFAL. pp. 187-209.

Cingolani, G. y Fernández, M. (2010). "Televisión y política: espacio público, puestas en escena y regímenes de visibilidad", en *Oficios Terrestres, Año XVI, Nº 25*. La Plata: Facultad de Periodismo y Comunicación Social. pp. 37.49.

Colaizzi, G. (1992). "Feminismo y teoría del discurso: razones para un debate", en *Debate feminista*, Vol. 5 (marzo 1992), México. pp. 105-119. Recuperado de http://www.jstor.org/stable/42624038?seq=1#page_scan_tab_contents

Dagatti, M. (2010). "El hombre común, la situación excepcional. Aportes para un análisis éthico de la construcción del liderazgo kirchnerista en la Argentina post-crisis", en *Actas de las I Jornadas Latinoamericanas de Investigación en Estudios Retóricos*, FFyL, Universidad de Buenos Aires. pp. 42-47. Recuperado de http://www.aaretorica.org/docs/Actas_Coloquio_Retorica_version_2.pdf

Dagatti, M. (2013). "Contribuciones para una cartografía discursiva del primer kirchnerismo", en Balsa, J. (comp.) (2013). *Discurso político y acumulación en el kirchnerismo*, Buenos Aires: UNQui – CCC. pp. 81-104.

Dagatti, M. (2015). "'Refundar la patria': los legados del primer kirchnerismo", en Narvaja de Arnoux, E. y Zaccari, V. (eds.) (2015). *Discurso y política en Sudamérica*, Buenos Aires: Biblos. pp. 165-200.

Dagatti, M. (2017). *El partido de la patria. Los discursos presidenciales de Néstor Kirchner*, Buenos Aires: Editorial Biblos.

De Diego, J. (2014a). "¿Discurso político o politicidad de los discursos? Una propuesta para pensar la relación entre krichnerismo y prensa", en Gindin, I. (comp.) (2014). *Kirchnerismo, mediatización e identidades políticas. Reflexiones en torno a la política, el periodismo y el discurso (2003-2008)*, Rosario: UNR Editora. pp. 12-31.

De Diego, J. (2014b). "El conflicto entre periodismo y poder político en la América Latina post-neoliberal La interpelación populista de los líderes de Ecuador y Argentina". Trabajo presentado en las *II Jornadas de estudios de América Latina y el Caribe: desafíos y debates actuales*, UBA, 24, 25 y 26 de septiembre. Recuperado de https://www.academia.edu/11352369/El_conflicto_entre_periodismo_y_poder_pol%C3%ADtico_en_la_Am%C3%A9rica_

Latina_post-neoliberal_La_interpelaci%C3%B3n_populista_de_los_l%C3%ADderes_de_Ecuador_y_Argentina

de Grandis, R. y Patrouilleau, M. M. (2010). "Matrimonio político y crítica antagonista en Argentina. Análisis de discursos en clave de género y teoría política", en *Temas y Debates*, 19, Rosario: UNR Editora. pp. 25-46.

De Ipola, E. (1982). *Ideología y discurso populista*, México: Folios Ediciones.

De Ipola. E. (1997). *Las cosas del creer. Creencia, lazo social y comunidad política*, Argentina: Ariel.

de Lauretis, T. (1989). "La tecnología del género", Tomado de *Technologies of Gender. Essays on Theory, Film and Fiction*, London: Macmillan Press, 1989, págs. 1-30. Traducción de Ana María Bach y Margarita Roulet. Recuperado de http://www.caladona.org/grups/uploads/2012/01/teconologias-del-genero-teresa-de-lauretis.pdf

de Lauretis, T. (1992). *Alicia ya no. Feminismo, Semiótica, Cine*, Madrid: Ediciones Cátedra.

Domínguez, N.; Castro, M.; Cháneton, J.; Daszuk, S. y Jurovietzky, S. (1994). "Sujeto, género y discurso: ¿Sos o te hacés?", en *Revista Hiparquia*, Vol. VII, La Plata: Centro Interdisciplinario de Investigaciones en Género. Recuperado de http://www.hiparquia.fahce.unlp.edu.ar/numeros/volvii/sujeto-genero-y-discurso-bfsos-o-te-haces

Dorlin, E. (2009). *Sexo, género y sexualidades. Introducción a la teoría feminista*, Buenos Aires: Ediciones Nueva Visión

Ducrot, O. (1984). *El decir y lo dicho*, Buenos Aires: Hachette.

Elgie, R. (1995). *Political leadership in Liberal Democracies*, Hampshire: McMillan.

Fernández, J.L. (2017). "Cristina en el país de los medios", en *Scompa. Periodismo de frontera*. Disponible en http://www.so-compa.com/author/jose-luis-fernandez/

Fernández, M., de Diego, J., Gindin, I. & Lüders, T. (2011). "El discurso político más allá de las instituciones del Estado: controversias conceptuales y problematización de las condiciones sociales productivas". Trabajo presentado en *Segundas Jornadas de Debates Actuales de la Teoría Política Contemporánea*, CIECS-UNC. 29 y 30 de julio de 2011. Recuperado de: http://

teoriapoliticacontemporanea.blogspot.com/2011/07/eldiscurso- politico-mas-alla-de-las.html

Fernández, L. y Gago, S. (2011). "El Eternauta: apropiaciones, usos y construcciones de mitos en la política posdictatorial argentina". Trabajo presentado en las *VI Jornadas de Jóvenes Investigadores. Instituto de Investigaciones Gino Germani*, 10, 11 y 12 de noviembre de 2011, Facultad de Ciencias Sociales, Universidad de Buenos Aires.

Fernández, M. (2014). "Periodismo y política en la Argentina kirchnerista: disputas por la intermediación en el espacio público. Un análisis desde la perspectiva de la mediatización", en Gindin, I. (comp.) (2014). *Kirchnerismo, mediatización e identidades políticas. Reflexiones en torno a la política, el periodismo y el discurso (2003-2008)*, Rosario: UNR Editora. pp. 32-56.

Fernández, M. (2016). *En su lugar y en su nombre. Disputas por la representación en el espacio público mediatizado. La gestión de colectivos en discursos políticos y discursos periodísticos durante el "conflicto del campo" (marzo-julio de 2008)* (Tesis de doctorado en Ciencias Sociales). Facultad de Humanidades y Ciencias de la Educación, La Plata.

Fernández, M. (2017). "De la movilización ceremonial a la ceremonia partisana. Mediatización de la liturgia política en los gobiernos de Cristina Fernández de Kirchner en Argentina (2008-2015)". Trabajo presentado en el 9° Congreso Latinoamericano de Ciencia Política. ALACIP, Montevideo. Disponible en http://www.congresoalacip2017.org/arquivo/downloadpublic2?q=YToyOntzOjY6InBhcmFtcyI7czozNToiYToxOntzOjEwOiJJRF9BUlFVSVZPIjtzOjQ6IjIyMTEiO30iO3M6MToiaCI7czozMjoiYjEyZjE1ZDgyYTYwYjM1ODg0YzJhMzQ3NDkzMmZhOWIiO30%3D

Fernández Cordero, L. (2016). "Izquierdas y feminismos, hitos contemporáneos", en *Revista Nueva Sociedad*, N° 261, enero-febrero de 2016. pp. 116-127.

Flax, R. (2013). "La representación de los jóvenes en la retórica presidencial de Cristina Fernández de Kirchner", en Vitale, M. A. y Salazar, Ph. (2013). *Rethoric in South America*, e-book. pp. 149-160.

Francescutti, P. (2015). "Del Eternauta al 'Nestornauta': la transformación de un ícono cultural en un símbolo político", en *CIC – Cuadernos de Información y Comunicación*, Vol. 20, España: Universidad Complutense. pp. 27-43.

García Negroni, M. M. (1988). "La destinación del discurso político: una categoría múltiple", en *Lenguaje en contexto I* (1/2). pp. 85-111.

García Negroni, M. M. (2009). "Negación y descalificación: a propósito de la negación metalingüística", en *Revista Ciências & Letras*, N°45, Porto Alegre. pp. 61-82.

Giarraca, N; Teubal, M. y Palmasino, T. (coords.) (2010). *Del paro agrario a las elecciones de 2009. Tramas, reflexiones y debates*, Buenos Aires: Antropofagia.

Gindin, I. (2016). *La construcción discursiva de la identidad política de Cristina Fernández de Kirchner durante su primera presidencia (2007-2011)* (Tesis de doctorado en Comunicación Social). Facultad de Ciencia Política y Relaciones Internacionales, Rosario.

Grize, J. y Piéraut-Le Bonniec, G. (1991). "Logique naturelle et construction des propriétés des objets", en *L'année psychologique*, Vol. 91, N°1. pp. 103-120.

Jelin, E. (1994). "¿Ante, de, en, y? Mujeres y derechos humanos", en *América Latina Hoy,* N° 9, noviembre, España: Universidad de Salamanca. pp. 7-23.

Jelin, E. (2002). *Los trabajos de la memoria*, Madrid: Siglo XXI.

Iazzeta, O. (2011). "Estado, democracia y ciudadanía en la Argentina poscrisis 2001", en Cheresky, I. (2011). *Ciudadanía y legitimidad democrática en América Latina*, Buenos Aires: Prometeo. pp. 187-219.

Inda, G. (2013). "Separando la paja del trigo: los *peronismos* del discurso presidencial kirchnerista y la construcción de una posición hegemónica en el campo político-ideológico (2007-2012)", en *Revista A Contra corriente*, Vol. 10, N° 3, spring 2013, Estados Unidos: North Carolina State University. pp. 199.234.

Kerbrat-Orecchioni, C. (1986). *La enunciación. De la subjetividad en el lenguaje*, Buenos Aires: Hachette.

Kerbrat-Orecchioni, C. (2016): "Sarkozy polemista: la 'descalificación cortés' del adversario", en Montero, A.S. (comp.) (2016). *El discurso polémico: disputas, querellas y controversias*, Buenos Aires: Prometeo. pp. 97-121.

Kitzberger, Ph. (2012). "'La madre de todas las batallas': el kirchnerismo y los medios de comunicación", en Malamud, A. y De Luca, M. (coords.)

(2012). *La política en los tiempos de los Kirchner*, Buenos Aires: Eudeba. pp. 179-189.

Laclau, E. (1993). "Poder y representación". Artículo publicado originalmente en *Politics, Theory and Contemporary Culture*, editado por Mark Poster, Nueva York, Columbia University Press, 1993. Tradujo Leandro Wolfson.

Laclau, E. (1995). "Universalismo, particularismo y el tema de la identidad", en *Revista Internacional de Filosofía Política*, N°5, España: Universidad Autónoma Metropolitana. pp. 38-52.

Laclau, E. (2003). "¿Por qué los significantes vacíos son importantes para la política?", en *Mesa Redonda de La Escuela de Orientación Lacaniana*, 22 de julio de 2003.

Laclau, E. (2009). *La razón populista*, Buenos Aires: Fondo de Cultura Económica.

Laclau, E. (2011). *Debates y combates: por un nuevo horizonte de la política*, Buenos Aires: Fondo de Cultura Económica.

Laudano, N. (2010). "Mujeres y medios de comunicación: reflexiones feministas en torno a diferentes paradigmas de investigación", en Chaher, S. y Santoro, S. (2010). *Las palabras tiene sexo II: herramientas para un periodismo de género*, Buenos Aires: Artemisa Comunicación Ediciones. pp. 40-54.

Lesgart, C. (2006). "Luchas por los sentidos del pasado y el presente. Notas sobre la reconsideración actual de los años '70 y '80", en Quiroga, H. y Tcach, C. (2006). *Argentina 1976-2006. Entre la sombra de la dictadura y el futuro de la democracia*, Rosario: Homo Sapiens. pp. 167-198.

Lomnitz, C. (2002). "Identidad", en Altamirano, C. (comp.) (2002). *Términos críticos de sociología de la cultura*, Buenos Aires: Paidós. pp. 129-134.

Lüders, T. (2014). "La reedición de una gesta: kirhcnerismo, locus generacional y conflicto con el campo", en Gindin, I. (comp.) (2014). *Kirchnerismo, mediatización e identidades políticas. Reflexiones en torno a la política, el periodismo y el discurso (2003-2008)*, Rosario: UNR Editora. pp. 73-92.

MacGregor Burns, J. (1978). *Leadership*, New York: Harper & Row.

Maingueneau, D. (1996). "El *ethos* y la voz de lo escrito", en *Revista Versión*, N°6, México: Universidad Autónoma Metropolitana. pp. 79-92.

Maingueneau, D. (1999). *Términos clave de análisis del discurso*, Buenos Aires: Nueva Visión.

Maingueneau, D. (2005). "¿'Situación de enunciación' o 'situación de comunicación'?", en *Revista electrónica Discurso.org*, Año 4, 7.

Maizels, A. L. (2015). "La representación del tiempo en los discursos de Cristina Fernández (2007-2008): Pasado, presente y futuro", en Narvaja de Arnoux, E. y Zaccari, V. (eds.) (2015). *Discurso y política en Sudamérica*, Buenos Aires: Biblos. pp. 201-241.

Manin, B. (1998). *Los principios del gobierno representativo*, Madrid: Alianza Editorial. Traducción de Fernando Vellespín. Recuperado de http:// lavraiedemocratie.fr/IMG/pdf/bernard_manin_- _los_principios_del_gobierno_representativo.pdf

Martínez, F. (2008). "Radicalización de antagonismos: discursos presidenciales durante el conflicto con el *campo*". Trabajo presentado en las *XII Jornadas Nacionales de Investigadores en Comunicación "Nuevos escenarios y Lenguajes convergentes"*, 16, 17 y 18 de octubre de 2008, Rosario.

Martínez, F. (2012). "Ley de medios y subjetividades políticas emergentes", en Martínez, F. y Bonetto, M. S. (2012). *Política y desborde. Más allá de una democracia liberal*, Villa María: Editorial Universitaria Villa María. pp. 155-181.

Martínez, F. (2013). "Aproximación a algunos tópicos del 'discurso kirchnerista'", en Balsa, J. (comp.) (2013). *Discurso político y acumulación en el kirchnerismo*, Buenos Aires: UNQui – CCC. pp. 53-67.

Marx, J.; Borner, J. y Caminotti, M. (2006). "Cuotas de género y acceso femenino al Parlamento: los casos de Argentina y Brasil en perspectiva comparada", en *Política*, N°46, otoño, Santiago: Universidad de Chile. pp. 61-81.

Montero, A. S. (2009a). "Puesta en escena, destinación y contradestinación en el discurso kirchnerista (Argentina, 2003-2007), *Revista Discurso y Sociedad*, Vol. 3 (2), Caracas: Teun A. van Dijk. pp. 316-347.

Montero, A. S. (2009b). "Los modos de la polémica en el discurso político: ironía, oposición y refutación". mimeo. Recuperado de https:// www.academia.edu/14896048/ Los_modos_de_la_pol%C3%A9mica_en_el_discurso_pol%C3%ADtico_mimeo_

Montero, A. S. (2012a). *'¡Y al final un día volvimos!' Los usos de la memoria en el discurso kirchnerista*, Buenos Aires: Prometeo.

Montero, A. S. (2012b). "Los usos del *ethos*. Abordajes sociodiscursivos, sociológicos y políticos", en *Revista RÉTOR*, 2 (2), Buenos Aires: Asociación Argentina de Semiótica. pp. 223-242.

Montero, A. S. y Vincent., L. (2013). "Del 'peronismo impuro' al 'kirchnerismo puro': la construcción de una nueva identidad política durante la presidencia de Néstor Kirchner en Argentina (2003-2007), en *Revista POST-Data* 18, Nº1, Abril/2013, Buenos Aires. pp. 123-157.

Mouffe, Ch. (1999). *El retorno de lo político*, Barcelona: Paidós.

Nora, P. (1998). "La aventura de *Les lieux de mémoire*", en Cuesta Bustillo, J. (ed.) (1998). *Memoria e historia*, Marcial Pons: Madrid. pp. 17-34.

Nora, P. (2008). *Les lieux de mémoire*, Uruguay: Trilce.

Novaro, M. (2000). *Representación y liderazgo en las democracias contemporáneas*, Rosario: Homo Sapiens.

Patrouilleau, MM. (2010). "Discurso y narración en las dinámicas de construcción identitaria. La experiencia kirchnerista en Argentina", en *Revista CONfines de relaciones internacionales y ciencia política*, 6/11, enero-mayo 2010, México: Tecnológico de Monterrey. pp. 37-58.

Pautassi, L. (2002). "Ciudadanía y autonomía de las Mujeres en Argentina ¿Un sueño imposible?", en Vázquez, S. (2002). *Hombres públicos, Mujeres públicas*, Buenos Aires: Fundación Sergio Karakachoff. pp. 91-125.

Perelman, Ch. (1997). *El imperio retórico*, Santa Fe de Bogotá: Norma.

Pérez, S. (2013). "Ser mujer y ser Presidenta: la construcción discursiva de la imagen de Cristina Fernández de Kirchner en el discurso presidencial, 2007-2011", en Balsa, J. (comp.) (2013). *Discurso político y acumulación en el kirchnerismo*, Buenos Aires: UNQui – CCC. pp. 157-176.

Plantin, C. (2012). *La argumentación. Historia, teoría, perspectivas*, Buenos Aires: Biblos.

Quiroga, H. (2010). *La república desolada: los cambios políticos de la Argentina 2001-2009*, Buenos Aires: Edhasa.

Ratier, A. (2012). "El pasado como desgracia, el futuro como promesa: estrategias discursivas en Cristina Fernández de Kirchner". Trabajo presentado en el *V Congreso Internacional de Letras*, 27 de noviembre al 1 de diciembre, Universidad de Buenos Aires. Recuperado de https://www.academia.edu/ 11339029/https://www.academia.edu/11339029/ El_pasado_como_desgracia_el_futuro_como_promesa_estrategias_discursivas_ de_Cristina_Fern%C3%A1ndez_de_Kirchner

Reyes, G. (1994). *Los procedimientos de cita. Citas encubiertas y ecos*, Madrid: Arco Libros.

Rodríguez, D. (2014a). "El liderazgo y las nuevas formas de representación: Balance teórico y lente conceptual", en *Documentos de Trabajo Instituto de Iberoamérica*, N° 23, Universidad de Salamanca.

Rodríguez, D. (2014b). "Los nuevos jefes democráticos. Carlos Menem y Néstor Kirchner en clave comparada", en *Temas y Debates 28*, Año 18, julio-diciembre 2014, Rosario: Universidad Nacional de Rosario. pp. 31-54.

Rosanvallon, P. (2009). *La legitimidad democrática: Imparcialidad, reflexividad, proximidad*, Buenos Aires: Manantial.

Schaer, F. (2015). "Los 17 de Octubre en el discurso presidencial de Cristina Fernández de Kirchner", en *Revista RÉTOR*, 5 (1), Buenos Aires: Asociación Argentina de Semiótica. pp. 1-26. Recuperado de http://www.revistaretor.org/ pdf/retor0501_schaer.pdf

Sigal, S. y Verón, E. (2008). *Perón o muerte. Los fundamentos discursivos del fenómeno peronista*, Buenos Aires: Eudeba.

Sitri, F. (1996). "Interdiscours et construction de l'objet de discours", en *Linx*, N°8, París: Département de Sciences du langage, Université Paris Ouest.

Svampa, M. (2008). "Argentina: una cartografía de las resistencias (2003-2008). Entre las luchas por la inclusión y las discusiones sobre el modelo de desarrollo", en *OSAL 17*, Año IX N°24., Buenos Aires: CLACSO. pp. 17-49.

Tonelli, L. (2014). "Prefacio", en Malamud, A. y De Luca, M. (coords.) (2012). *La política en los tiempos de los Kirchner*, Buenos Aires: Eudeba.

Valdettaro, S. (2014). "Cuerpo-presidencial-performático y Mediatización: entre la sobreexposición y el ocultamiento", en Fausto Neto, A.; Raimondo Anselmino, N. y Gindin, I. (2014). *Relatos de investigación sobre mediatizaciones*, Rosario: UNR Editora. pp. 130-156,

Valenzuela Somogyi, M. (2015). "La pertenencia de género como capital de legitimación discursiva: el caso de las presidentas Michelle Bachelett (Chile) y Cristina Fernández (Argentina)", en *Revista de la Academia*, Vol. 19/Otoño 2015.

Vázquez, M. (2013). "En torno a la construcción de la *juventud* como causa pública durante el *kirchnerismo*: principios de adhesión, participación y reconocimiento", en *Revista Argentina de Estudios de Juventud*, Vol. 1, N° 7, La Plata: Facultad de Periodismo y Comunicación Social. Recuperado de https://perio.unlp.edu.ar/ojs/index.php/revistadejuventud/article/viewArticle/2089

Vazquez, M. y Vommaro, P. (2012). "La fuerza de los jóvenes: aproximaciones a la militancia kirchnerista desde La Cámpora" en Pérez, G. y Natalucci, A. (eds.) (2012). *Vamos las bandas. Organizaciones y militancia kirchnerista*, Buenos Aires: Editorial Nueva Trilce.

Vitale, M. A. (2014). "*Ethos* femenino en los discursos de asunción de las primeras mujeres presidentes de América del Sur: Michelle Bachelet, Cristina Fernández de Kirchner y Dilma Rousseff", en *Anclajes*, N° XVIII, 1, La Pampa: Universidad Nacional de la Pampa. pp. 61-82.

Verón, E. (1987). "La palabra adversativa", en AA.VV. *El discurso político. Lenguajes y acontecimientos*, Buenos Aires: Hachette. pp. 12-26.

Verón, E. (1998a). *La semiosis social*, Barcelona: Gedisa.

Verón, E. (1998b). "Mediatización de lo político", en Gauthier, G., Gosselin, A. & Mouchon, J. (1998). *Comunicación y política*, Barcelona: Gedisa. pp. 220-236.

Verón, E. (2001). *El cuerpo de las imágenes*, Buenos Aires: Editorial Norma

Verón, E. (2005). *Fragmentos de un tejido*, Barcelona: Gedisa.

Vincent, L. (2011). "La disputa por la mediación durante el kirchnerismo en la Argentina", *Revista CONFines* 7/13, enero-mayo 2011, México: Tecnológico de Monterrey. pp. 49-81.

Waisbord, S. (2000). "Repensar la prensa en las democracias latinoamericanas", en *Sala de Prensa*, Año III, Vol. 2. Recuperado de http://www.saladeprensa.org/art151.htm

Weber, M. (1969). *Economía y sociedad. Volumen II*, México: Fondo de Cultura Económica.

Weber, M. (1979). *El político y el científico*, Madrid: Alianza Editorial.

Weber, M. (1995). *La ética protestante y el espíritu del capitalismo*, Barcelona: Península.

Yabkowski, N. (2013) "Dos tiempos para pensar el kirchnerismo", en Balsa, J. (comp.) (2013). *Discurso político y acumulación en el kirchnerismo*, Buenos Aires: UNQui – CCC. pp. 69- 79.

Impreso por TREINTADIEZ S. A. en 2018

Pringles 521 (C1183 AEI)

Ciudad Autónoma de Buenos Aires

Teléfonos (011) 4862-6794 / (011) 4864-3297

editorial@treintadiez.com